U0089421

古代歷史文化 研究輯刊

十九編

王明蓀 主編

第23冊

憲政編查館與晚清法制改革

戴馥鴻 著

國家圖書館出版品預行編目資料

憲政編查館與晚清法制改革／戴馥鴻 著 ── 初版 ── 新北市：
花木蘭文化事業有限公司，2018〔民107〕
目 4+174 面；19×26 公分
（古代歷史文化研究輯刊 十九編：第 23 冊）
ISBN 978-986-485-419-6（精裝）
1. 憲政主義 2. 中國法制史 3. 清代
618   107002320

ISBN-978-986-485-419-6

古代歷史文化研究輯刊
十九編　第二三冊　　　　　　　ISBN：978-986-485-419-6

憲政編查館與晚清法制改革

作　　者　戴馥鴻
主　　編　王明蓀
總 編 輯　杜潔祥
副總編輯　楊嘉樂
編　　輯　許郁翎、王筑　美術編輯　陳逸婷
出　　版　花木蘭文化事業有限公司
發 行 人　高小娟
聯絡地址　235 新北市中和區中安街七二號十三樓
　　　　　電話：02-2923-1455／傳眞：02-2923-1452
網　　址　http://www.huamulan.tw 信箱 hml810518@gmail.com
印　　刷　普羅文化出版廣告事業
初　　版　2018 年 3 月
全書字數　134288 字
定　　價　十九編 39 冊（精裝）台幣 100,000 元

版權所有·請勿翻印

憲政編查館與晚清法制改革

戴馥鴻 著

作者簡介

戴馥鴻，1982 年 8 月生，男，陝西盧縣人，先後讀於西南政法大學和中國政法大學，獲法學學士、法學碩士、法學博士學位，現任教於成都大學法學系，主要研究旨趣在清末憲政改革並法制變遷問題。

提　　要

清末法制改革正式開始於光緒二十七年，自光緒三十二年走上了仿行立憲的道路，向東西洋各國尋求新的政治法律制度來改革深陷內憂外患的清政府。憲政編查館是清末仿行立憲期間的權力匯總機構，設立於光緒三十三年七月五日，裁撤於宣統三年五月二十七日，在短暫的存續時間內，該館負責考察憲政、起草憲法、編制法規、統計政要、續訂官制、考核憲政的推行等事宜，成為清末「憲政之樞紐」。

本文以憲政編查館為視角，通過憲政編查館設立的背景、原因、地位、職權，以及該機構在清末仿行立憲過程中圍繞立憲和修律所作的工作取得的實績，進而考察清末憲政改革的制度設計。在整個研究過程中，文中首先描述憲政編查館的設立和職權，然後詳細梳理憲政編查館在清末立憲中分別在立憲和修律事宜中的工作實績，最後通過憲政編查館的職權和地位來分析清末立憲過程中的制度，從中分析清末立憲在制度上存在的問題。在方法上，本文將史學的史料分析方法和法學的思辨方法結合起來，尤其是把現代西方憲政的理念和制度借用到對憲政編查館的認識中，從史學的角度分析憲政編查館統率下的清末憲政的實績，從法學的角度認識清末立憲過程中所存在的制度性問題。

論文第一章旨在描述設立憲政編查館的背景。憲政編查館的設立源於清光緒二十七年開始的變法改革，變法改革開始以「採西法以補中法之不足」為基本思路。然而由於這樣的改革僅僅是既有框架內的小修小補，根本不可能解決清廷面臨的內憂外患，於是清廷派大員出洋考察政治，在考察政治之後決定仿行立憲，設立憲政編查館作為籌備立憲的樞紐機構。

論文第二章旨在描述憲政編查館的設置沿革、組織機構、人事選任及職權地位。憲政編查館由考察政治館改制而來，最後又在宣統三年的官制改革中被裁撤。在此期間，該館由軍機處王大臣統領館務，選取傳統科舉士子和留洋外洋法政人才，分編制、統計、考核、官報、譯書、庶務、圖書等科局，負責考察憲政、起草憲法、編制法規、統計政要、考核憲政等事宜，成為清廷籌備立憲期間的權力樞紐機構。

論文第三章集中討論憲政編查館在清末立憲中的活動。通過派員前往外洋考察憲政，制定《欽定憲法大綱》及議院法選舉法綱領等，確定了「大權統於朝廷」、「君上尊嚴神聖不可侵犯」等基本原則。在這些基本原則下，該館策劃籌備立憲進程並制定籌備立憲清單，根據立憲清單將立憲事宜分派到中央各部院及地方各省按期籌備，並設立考核專科定期考核。在整個過程中，憲政編查館統籌安排，按期核議，使得清末立憲得以在其原則下逐步推行。

論文第四章集中討論憲政編查館在清末修律中的活動。清末修律有兩個階段，第一個階段是「採西法以補中法之不足」的框架內修補，第二個階段是在仿行立憲的前提下，建立新的包括法典、法規、單行法規、部門規章在內的新的體系。第二個階段由憲政編查館負責。根據《憲政編查館辦事章程》，該館負責與憲政有關的一切編制法規事宜，包括修訂法律館起草的各項法典，行政法規，各部院起草的單行法規和部門規章。在整個修律過程中，憲政編查館制定修律辦法，或參與起草，或負責核議，將清末的修律事宜有統有分的集中起來。

論文第五章旨在通過討論憲政編查館與資政院的職權糾紛來分析清末憲政改革的制度性問題。資政院是清末的預備議院，憲政編查館是清末的憲政樞紐。按照憲政的原則，立法權應歸資政院行使，按照清廷的立憲原則，各項大權須集中於朝廷，於是發生了資政院和憲政編查館的職權糾紛，這一糾紛暴露了清末立憲存在的制度性問題。

　　全文通過憲政編查館來總結清末法制改革的實績，分析清末立憲的制度設計。憲政編查館的設立符合清廷「大權統於朝廷」的要求，在憲政編查館的統領下，清末的改革在具體工作中做出了不少實績；同時由於該機構職權的不斷擴大，違背了立憲的基本原則，暴露了清末立憲存在的制度性問題。

目

次

緒　論……………………………………………………………… 1
　一、問題的提出 ……………………………………………… 1
　二、學界相關研究回顧 …………………………………… 3
　三、研究方法 ………………………………………………… 6
　四、研究的意義 ……………………………………………… 6
第一章　從新政到憲政──設立憲政編查館的
　　　　時代背景 …………………………………………… 9
　第一節　設立督辦政務處統率新政 …………………… 10
　第二節　第一次出洋考察政治 ………………………… 13
　　一、考察政治大臣及其隨員 ………………………… 15
　　二、考察政治的過程及結果 ………………………… 17
　第三節　仿行立憲設立憲政編查館 …………………… 21
　本章小結 …………………………………………………… 25
第二章　憲政編查館的職權、機構、人事與地位 …… 27
　第一節　憲政編查館的設立 …………………………… 27
　　一、憲政編查館機構沿革 …………………………… 27
　　二、憲政編查館關防、館址、經費及奏稿 ……… 29
　第二節　憲政編查館的職權 …………………………… 33
　　一、憲政編查館職權的來源 ………………………… 33
　　二、憲政編查館的職權 ……………………………… 36

第三節　憲政編查館的組織機構及人員構成 ……… 36
　一、憲政編查館的主體機構 ………………… 37
　二、憲政編查館的任職人員 ………………… 39
第四節　憲政編查館的地位 ………………………… 49
　一、官制改革的提出 ………………………… 49
　二、官制改革的實行 ………………………… 51
　三、憲政編查館的設立及其在新官制中的地位 58
本章小結 ……………………………………………… 62

第三章　憲政編查館與清末立憲 ……………… 63
第一節　考察憲政確定大綱 ………………………… 63
　一、憲政考察 ………………………………… 63
　二、發布憲法大綱確定立憲綱領 …………… 68
第二節　統一事權制定立憲清單規劃立憲進程 …… 70
　一、制定事宜清單統籌安排立憲 …………… 70
　二、籌備立憲事宜的增補與修正 …………… 79
第三節　設立配套機構保障立憲推行 ……………… 82
　一、設立分支合作機構協助憲政編查館工作 … 82
　二、設立考核專科按期考核籌備立憲情形 … 85
　三、發行《政治官報》宣傳立憲 …………… 95
本章小結 ……………………………………………… 97

第四章　憲政編查館與清末修律 ……………… 99
第一節　統一修律事權擬定修律辦法 ……………… 99
　一、宣示立憲之前的修律活動 ……………… 100
　二、宣示立憲之後──憲政編查館議定修訂
　　　法律辦法 ………………………………… 102
第二節　統率修律事宜審核法律法規 ……………… 104
　一、憲政編查館統率下的立法修律活動 …… 105
　二、憲政編查館對法律法規的核議與修改 … 116
第三節　憲政編查館與修訂法律館 ………………… 121
　一、修訂法律館的開設 ……………………… 121
　二、憲政編查館與修訂法律館的獨立 ……… 123
本章小結 ……………………………………………… 126

第五章　立法權之爭——憲政編查館與資政院 … 127

　第一節　憲政編查館與資政院的聯繫 ………… 127

　　一、接續與重合——憲政編查館與資政院的
　　　　職權關係 ……………………………… 127

　　二、互動與合作——憲政編查館與資政院的
　　　　人事聯繫 ……………………………… 130

　第二節　憲政編查館與資政院的職權衝突 …… 133

　　一、衝突的起因——省諮議局與該省督撫
　　　　權限紛爭 ……………………………… 134

　　二、衝突的核心——立法權的歸屬：憲政
　　　　編查館還是資政院？ ………………… 139

　　三、衝突的延伸：憲政編查館與資政院的
　　　　地位之爭 ……………………………… 143

　　四、衝突的本質——名實不符權責不清 …… 149

　第三節　「清權限而專責成」——詬病的皇族內閣
　　　　　與遲到的三權分立 ………………… 149

　本章小結 ………………………………………… 151

結　語 …………………………………………… 153

參考文獻 ………………………………………… 155

附錄 1：憲政編查館組織機構圖 ……………… 161

附錄 2：第一歷史檔案館館藏憲政編查館檔案目錄
………………………………………………… 163

致　謝 …………………………………………… 173

緒　論

一、問題的提出

　　本文的寫作以憲政編查館爲中心，通過憲政編查館的視角來梳理清末法制改革的實績，進而探討清末法制改革的制度模式。

　　清末的法制改革開端於光緒二十七年〔註1〕（公元1901年），結束於宣統三年（公元1911年），一共長達十年多的時間。這十多年時間的法制改革，是由清廷的最高統治者慈禧太后發起的一次系統的政治法律制度的變革，以光緒二十六年發布變法上諭及光緒二十七年設立督辦政務處實施新政爲開端，以光緒三十二年發布預備立憲上諭及光緒三十三年設立憲政編查館仿行憲政爲轉折點，最後於宣統三年湮沒在革命的浪潮中。光緒二十六年十二月初十日清廷發布變法上諭，第二年三月即設立督辦政務處統率變法，以「採西法以補中法之不足」爲主要原則，在傳統的基本框架內進行了局部的修補；由於變法「成效不章」，光緒三十二年七月十三日清廷又發布立憲上諭，並設立憲政編查館統率籌備立憲，開始憲政改革。憲政改革以「大權統於朝廷，庶政公諸輿論」爲基本綱領，以立憲法、開議院、組建責任內閣爲最終目的，改革傳統中國的政治體制和法律體系。本文即是以憲政編查館爲視角，考察設立憲政編查館的原因，憲政編查館的組織機構和人事安排，憲政編查館在籌備立憲中分別在立憲和修律事務中所做的具體工作，以及憲政編查館在立憲中的職權和地位。然

〔註1〕清廷的變法上諭發布於光緒二十六年十二月初十日，西曆1901年1月29日，當時西太后仍然在西逃途中，正式著手實施變法則在光緒二十七年督辦政務處設立之後。

後，根據這些信息，梳理清末仿行立憲和改革法制的成果，探索清廷立憲的理論基礎和基本原則，分析清末立憲的制度性問題所在。

對於清末這場憲政編查館統率的立憲改革，自清末的憲政改革在發布仿行立憲上諭的當時就被置於輿論的漩渦之中。新派刊物《醒獅》發表文章《清太后之立憲談》，認爲其立憲之虛僞與不可能。旅日留學生資產階級革命派代表陳天華在其大作《警世鐘》中奉勸世人莫要相信清政府的所謂新政，他認爲：「清政府稍稍行了些皮毛新政，不過藉此掩飾掩飾國民的耳目，討討洋人的喜歡罷了；不但沒有放了一線光明，那黑暗反倒加了幾倍。」〔註2〕又有人上書當時坐鎮「第二政府之天津」（梁啓超語）的袁世凱，認爲：「清太后之立憲，實清太后愚民之術也」。〔註3〕此外，又有很多人認爲，清政府之立憲，不過「遷延」二字。不僅如此，百年以來，但凡學術屆討論清末立憲的問題，虛僞騙局之論不絕於耳，甚至一度成爲輿論的主流，而在普通民眾的心理，虛僞騙局之說更被認爲是一種常識。近代史研究巨擘李劍農先生在《戊戌以後三十年中國政治史》中談到「兩宮西狩」之後西太后下詔變法一事，就認爲：「在西太后，與其說是增加了若干見識，因而變法，還不如說是他的老面孔羞愧得無以對人，故假變法的各種詔旨，來遮一遮羞。那個新設的督辦政務處，不過是軍機處的胼枝機關，並無甚麼新政可辦。」而關於考察憲政之後設立憲政編查館，開始改革官制籌備立憲之事，李劍農先生則認爲，所謂的改革官制、籌備立憲，「其結果，一面表示預備立憲，一面在朝廷上就表現著滿、漢相排的話劇來了。」「所謂立憲的預備，不過是一種愚弄漢人的虛文罷了，哪有實行眞正憲政的希望。」〔註4〕蕭公權先生在其《中國政治思想史》中，關於清末立憲新政，則認定其爲「當政者愚昧貪私，毫無覺悟。行新政則百計阻撓，使成具文。言立憲則心存詐僞，口惠無實。」〔註5〕李貴連教授對清末的修訂法律館及修律大臣沈家本一直都給予很高評價，但是，在談到清末籌備立憲時，他也認爲，「晚清各級審判廳的產生和運作儘管有種種困難，但最根本、最大的困難，就是晚清的立憲不是眞正的立憲。〔註6〕」

〔註2〕轉引自張晉藩著，《中國憲法史》，吉林人民出版社2004年版，頁74。

〔註3〕轉引自李劍農著，《戊戌以後三十年中國政治史》，中華書局1965年版，頁65。

〔註4〕李劍農著，《戊戌以後三十年中國政治史》，中華書局1965年7月版，頁46，73。

〔註5〕蕭公權著，《中國政治思想史》，新星出版社2005年11月版，頁552。

〔註6〕李啓成著，《晚清各級審判庭研究·序言》，北京大學出版社2004年版。

這種「常識性」是否具有歷史真實性呢？憲政編查館作為清末立憲的樞紐機構，是否僅僅是個虛文的擺設，毫無建樹呢？清廷為什麼要提出仿行立憲？為什麼要建立憲政編查館？憲政編查館是否真正為考察憲政籌備立憲做出了真實的工作？帶著這樣的疑問，筆者以憲政編查館為視角，通過分析設立憲政編查館的原因，梳理憲政編查館的機構與職權、憲政編查館在晚清立憲和修律中的地位和作用、憲政編查館統領下晚清立憲和修律的實績，進而對晚清的法制改革進行歷史和制度的審查。

二、學界相關研究回顧

憲政編查館在清末的法制改革中佔有非常重要的地位。然而到目前為止，學界關於清末法制改革的研究可以說是汗牛充棟了，然而關於憲政編查館的研究卻屈指可數。

關於清末法制改革的研究主要集中在清末立憲研究、清末修律研究和《欽定憲法大綱》的文本研究等幾個方面。這些研究之中，最多同時也影響最大的首先是關於清末立憲新政的概括性研究，這些研究一般都是對清末的新政改革進行整體性的論述和概括性的評價。包括：張晉藩著，《中國憲法史》；韋慶遠等著，《清末憲政史》；侯宜傑著，《二十世紀中國政治改革風潮》；張學仁、陳寧生主編，《二十世紀之中國憲政》；周葉中、江國華主編，《博弈與妥協——晚清預備立憲評論》；郭紹敏著，《清末立憲與國家建設的困境》；張玉法著，《清季的立憲團體》；張朋園著，《立憲派與辛亥革命》；馬勇著，《超越革命與改良》；【美】任達著，《新政革命與日本》。〔註7〕這些著作對清末立憲新政和法制改革均有系統的敘述。他們對清末立憲新政和法制改革也有兩種相反的評論和看法。例如，張晉藩先生《中國憲法史》中論述到清末的考察憲政和預備立憲時，就認為：「清廷認命這種人（此處所指為派達壽、于

〔註7〕張晉藩著，《中國憲法史》，吉林人民出版社 2004 年版；韋慶遠等著，《清末憲政史》，中國人民大學出版社 1993 年版；侯宜傑著，《二十世紀中國政治改革風潮》，中國人民大學出版社 2009 年版；張學仁、陳寧生主編，《二十世紀之中國憲政》，武漢大學出版社 2002 年版；周葉中、江國華主編，《博弈與妥協——晚清預備立憲評論》，武漢大學出版社 2010 年版；郭紹敏著，《清末立憲與國家建設的困境》，河南大學出版社 2010 年版；張玉法著，《清季的立憲團體》，北京大學出版社 2011 年版；張朋園著，《立憲派與辛亥革命》，吉林出版集團 2007 年版；馬勇著，《超越革命與改良》，上海三聯書店 2001 年版；【美】任達著，《新政革命與日本》，江蘇人民出版社 2006 年版。

式枚、汪大燮分赴日、德、英三國進行第二次考察憲政）爲考察憲政的出洋大臣，不能僅僅用責任不當進行解釋，其實是蘊藏深意於其中的，是用以抵制立憲派發動的立憲鬥爭的輿論工具。……出洋考察憲政恰恰是在清廷公開下諭預備立憲一年以後，這足以說明保守勢力的政治高壓和清廷缺乏立憲的誠意。」「從改良派倡導西方議院制的輿論起，至晚清實行自上而下的預備立憲，是一個經歷了半個世紀之久的歷史發展過程，它的每一個前進的步驟都與當時的經濟條件、政治狀況以及國民的教育程度和民主意識的覺醒密切相關。尤其是階級力量對比關係的變化與鬥爭，是直接影響憲政進程的動力。正是在生死存亡的壓力下，使得清朝統治集團不得不在保守和開明的分界線上進行抉擇，由此而形成了晚清預備立憲的曲折性、矛盾性和某種欺騙性。」〔註 8〕由此，認爲晚清立憲新政是一場騙局。這是具有代表性的關於清末立憲新政和法制改革的評價，很多相關著作都也都做是論。另一部份卻持相反的觀點，認爲清末新政改革是清政府在遭受半個多世紀的慘敗，尤其是庚子之變兩宮西狩，使得慈禧太后在觀念上發生了大的變化，因此，清末新政改革是一場由統治者自己主導的一次革命。是一次「有著重大成就、使人驚歎的中國新政變革，」是「從 1898 年傳統的中國政治形態，到近代的……中國政治形態的飛躍。」〔註 9〕

除了上述系統性的研究外，關於清末新政改革和法制改革，還有許多具體性的研究。包括王人博等著《近代中國憲政史上的關鍵詞》和王德志著《憲法概念在中國的起源》等關於西方近代政治法律新觀念、新制度和新術語如何引進中國的詞源學研究；李啓成著《晚清各級審判廳研究》、陳煜著《清末新政中的修訂法律館》、江兆濤著《清末預備立憲中的法制習慣調查》等以清末新政或法制改革的具體某一個方面做個案研究；還有一部份是以清末籌備立憲的最高成果《欽定憲法大綱》來展開的研究，例如卞修全著，《近代中國憲法文本的歷史解讀》〔註 10〕等。這些著作對清末的憲政改革和法律改革都

〔註 8〕張晉藩著，《中國憲法史》，吉林人民出版社 2004 年版，頁 101，132。

〔註 9〕【美】任達著，《新政革命與日本》，江蘇人民出版社 2006 年版，頁 3。

〔註 10〕王人博等著，《近代中國憲政史上的關鍵詞》，法律出版社 2009 年版；王德志著，《憲法概念在中國的起源》，山東人民出版社 2005 年版；李啓成著《晚清各級審判廳研究》，北京大學出版社 2004 年版；陳煜著，《清末新政中的修訂法律館》，中國政法大學出版社 2009 年版；卞修全，《立憲思潮與清末法制改革》，中國社會科學出版社 2003 年版；江兆濤，《清末預備立憲中的法制習慣調查》，中國政法大學法學 2010 年博士論文。

做了很好的研究和論述，是後來人進行清末的法制改革研究的基石，也是後來人進行清末的法制改革研究的參照。

　　然而，對於「憲政之樞紐」憲政編查館的研究則少的可憐。根據筆者目前所瞭解的範圍內，目前關於憲政編查館的研究主要有劉汝錫先生的史學碩士論文《憲政編查館研究》，彭劍先生歷史學博士後研究報告《清末新政憲政編查館研究》，趙鑒軍先生歷史學碩士論文《清末預備立憲時期憲政編查館研究》，呂美頤先生《清末憲政編查館考察》四篇論文。另外還有程燎原先生在《清末法政人的世界》中所作的關於憲政編查館人員構成的法學專門研究《法政名流薈萃「憲政編查館」》。劉汝錫先生的研究主要以憲政編查館的機構設置爲主，劉先生在其長文中對憲政編查館的機構設置和人員構成做了詳細的梳理，爲進一步做憲政編查館的法學研究提供了不可估量的基礎工作。彭劍先生的研究報告則在劉汝錫先生關於憲政館組織機構和人員構成研究的基礎上，「更注重分析憲政編查館爲推進憲政改革而開展的各項工作所引發的集團互動」，正如該作者在文中所說：「不是對憲政館各機關工作的面面俱到的研究，而是對憲政館的工作中與憲政最爲密切的部份及其所引起的政治集團互動的研究」〔註 11〕因此，彭劍先生的著作主要集中於晚清憲政中憲政編查館內部關於立憲問題的派別鬥爭，以及憲政編查館內部派別與外部相關集團的互動。趙鑒軍先生的碩士論文和呂美頤先生的文章〔註 12〕對憲政編查館的機構和職權進行了概括性介紹，比起前兩部著作，遜色很多。在這些研究中特別值得一提的是程燎原先生在《清末法政人的世界》中關於憲政編查館任職人員教育背景的研究。程燎原先生係法學出身，其研究的落腳點主要在於從法學的角度探討憲政編查館的法政意識，通過分析憲政編查館中法政人的教育背景，即「主要考察憲政編查館的法政名流，並附述各部院各省憲政籌備處的法政人，以觀察清末法政人介入乃至引導籌備立憲的種種情形」〔註 13〕，並以此爲視角來展開對晚清憲政的探索。上述文章都從不同的側面對憲政編查館做了很好的研究和敘述，但是對憲政編查館在整個晚清法制改革的地位和作用的陳述，對憲政編查館在晚清立憲和修律中的工作實績的梳理，對憲政編查館領導下的晚清立憲的制度性探討都沒有深入涉及。

〔註 11〕彭劍著，《清末憲政編查館研究》，北京大學出版社 2011 年版，頁 14。
〔註 12〕趙鑒軍，《清末預備立憲時期憲政編查館研究》，河南大學歷史學 2001 年碩士論文；呂美頤，《清末憲政編查館考察》，載《史學月刊》1984 年第 6 期。
〔註 13〕程燎原著，《清末法政人的世界》，法律出版社 2003 年版，頁 165。

　　以上這些著作都對晚清憲政改革進行了極有意義的研究，研究成果也極為豐碩，關於憲政編查館的研究也很有開拓性的探索。但是，前者的研究太過於籠統，後者的研究卻還嫌不夠。本文希望在前人研究的基礎上，對憲政編查館在晚清憲政改革和法制改革中的地位、作用，在改革過程中的工作實績，以及晚清立憲的制度進行再探討。

三、研究方法

　　研究方法是由研究對象決定，爲研究內容服務的。方法的選擇，需要根據研究的目的建立在具體研究對象的性質和實際情況之上，充分考慮研究所借用的材料和信息的特點和內容。鑒於此，我主要採用以下幾種研究方法：

　　1. 歷史考證的方法。歷史學的考證梳理是法史學的基本研究方法之一。歷史考證的方法第一個層次是對史實或史料的選擇和梳理，第二個層次是對史料的理解和詮釋。本文所側重的並不是歷史的純粹考證，而更加注重的是史論結合，運用搜集到的歷史檔案、法律文件、人物傳記、報刊評論等材料對憲政編查館在清末籌備立憲時期的活動進行歷史的考證、梳理和分析。

　　2. 法學思辨的分析方法。法律史的研究畢竟不同於純粹史學的研究。爲此，法學的思辨方法是本文的研究所必不可少的。由於本文研究的是籌備立憲時期的憲政編查館，由此，運用憲法的知識和法律的邏輯對憲政編查館在晚清時期的政治地位、對憲政編查館在籌備立憲時期的工作進行法學思辨的分析是必要的。

　　3. 比較的方法。著名法學家達維德曾經說過，「一切知識都來源於比較」。將清末新政改革中都握有立法權的憲政編查館與資政院等機構進行比較是本文進行研究的一個重要的視角。通過這樣的比較可以比較清楚的瞭解清末新政改革的思路，並對清末立憲進行制度性分析。

四、研究的意義

　　本文基本上是一個個案研究，做這樣的研究是有非常獨特的價值的。首先，通過憲政編查館的個案研究可以對清末的法制改革有一個穩定的視角，從而對清末法制改革進行側面的刻畫。其次，憲政編查館是清末立憲的「樞紐」，那麼，對憲政編查館做個案研究，也就對清末改革的中央決策和改革思路有一個更爲眞切的瞭解。再次，學術研究不應該僅以歷史結果來對歷史過程下結論。很多時候，歷史結果或許不盡如人意，但是歷史過程，尤其是那

些細節或具體的機構、人物或事件，往往會給我們帶來很有思考價值的資料和信息。

　　著名學者錢鍾書先生曾經說過：「許多嚴密周全的思想和哲學系統經不起時間的推排銷蝕，在整體上都垮塌了，但是它們的一些個見解還爲後世所採取而未失去時效。好比龐大的建築物已遭破壞，住不得人、也唬不得人了，而構成它的一些木石磚瓦仍然不失爲可資利用的好材料。整個理論系統剩下來的有價值的東西只是一些片段思想。〔註14〕」比起宏大的理論建構，零碎的片段或許能夠帶給我們更多的思想。筆者在這裡並不打算對清末憲政的整個歷史事件做後來人的評價。筆者只是想在坍塌的清王朝的廢墟中尋找還可以回收的材料，對我們現在的法律改革提供有借鑒價值的成果。

〔註14〕周澤雄，《閒話〈管錐篇〉之六：錢鍾書與體系》，載《北京日報》2009 年 6 月 29 日。

第一章　從新政到憲政
——設立憲政編查館的時代背景

　　余英時先生在其大作《現代危機與思想人物》一書的序言中說道：「大體上看，18 世紀以前，中國傳統內部雖經歷了大大小小各種變動，有時甚至是很激烈的，但始終沒有突破傳統的基本格局」，余先生在此非常恰切的引用了杜牧「丸之走盤」的「妙喻」（余英時語）：

　　　　丸之走盤，橫斜圓直，計於臨時，不可盡知。其必可知者，是知丸之不能出於盤也。〔註1〕

　　然而，自 19 世紀中後期開始，隨著鴉片戰爭的炮火將國門強行打開，西方各個資本主義強國以軍隊為先鋒，以新技術、新科學、新思想為主要內容的軍事入侵、經濟入侵、文化入侵接踵而來，使得中國傳統的「基本格局」不得不面對前所未聞的西方世界，這個西方世界已經不是可以「用夏變夷」的匈奴、突厥、回鶻、吐蕃、契丹、蒙古等游牧部落。「夷狄」已變為「泰西」，「泰西諸國，以其器數之學，勃興海外，履垓埏若戶庭，御風霆如指臂，環大抵九萬里之內，罔不通使互市，雖以堯舜當之，終不能閉關獨治。」〔註2〕於是外患頻增，內亂驟起。英、法、俄、德、美等國覬覦東方，捏造事端、頻頻開戰，最後連撮爾小邦日本竟然也一步跨入強國之列，擠入瓜分中國的大國陣營。

　　軍事入侵與隨之而來的割地賠款使得大清朝國庫空虛政治疲弊；經濟入

〔註 1〕余英時著，《現代危機與思想人物》，生活·讀書·新知 三聯書店，2004 年版，頁 7。
〔註 2〕馮天瑜等著，《中國文化史》（下），上海人民出版社 2005 年第 2 版，頁 762。

侵使得鄉土中國的小農經濟無法如常運轉；文化入侵，更是使得「用夏變夷」的「天朝上國」顏面盡失、俯首稱臣，奴顏婢膝地「量中華之物力，結與國之歡心」。所有這一切自然都轉嫁到普通百姓身上，民不聊生國將不國。於是四方揭竿而起全國義軍迭起。他們有的扛起「反清復明」的「正統」大纛，有的高喊「扶清滅洋」的對外口號，有的借「皇上帝」的新神建立新的政權。最後，文人學子也參與了進來，他們拋下四書章句與八股試帖，或者諫言變法，不懼體制束縛上書言事；或者倡言革命，不惜暗殺起義捨身成仁。中國傳統的基本格局「在內外力量的交攻之下，很快進入了一個解體的過程」。這一切都說明了一個問題：「丸已出盤」了〔註3〕。

　　光緒二十六年，藉口庚子事變，八國聯軍侵入北京，燒殺劫掠，連慈禧太后自己都西狩逃亡！中國傳統的基本政治格局已經走入了死胡同。「窮則變，變則通，通則久。」在此「內外交攻」、「丸已出盤」的「危急存亡之秋」，變法是清政府的唯一出路。

第一節　設立督辦政務處統率新政

　　光緒二十六年十二月初十日，西曆 1901 年 1 月 29 日，西逃中的慈禧太后以光緒皇帝的名義發布上諭：「世有萬古不易之常經，無一成不變之治法。窮變通久，見於大易。損益可知，著於論語。蓋不易者三綱五常，昭然如日星之照世。而可變者令甲令乙，不妨如琴瑟之改弦。……大抵法積則弊，法弊則更，要歸於強國利民而已。」清廷最高掌權人終於正式承認了變法的必要性。但是怎麼變法，如何能夠做到改變「令甲令乙」，卻不會觸動「三綱五常」，這仍然是一個問題。於是在上諭中慈禧太后要求中央各部院官、出使各國大臣及地方督撫「各就現在情形，參酌中西政要，舉凡朝章國故、吏治民生、學校科舉、軍政財政、當因當革，當省當併，或取諸人，或求諸己，如何而國勢始興，如何而人才始出，如何而度支始裕，如何而武備始修，各舉所知，各抒己見，通限兩個月詳悉條議以聞。」〔註4〕於是，在新世紀的開端，面對窮困的時局，清政府要變法了。

〔註 3〕余英時著，《現代危機與思想人物》，生活‧讀書‧新知　三聯書店，2004 年版，頁 7。

〔註 4〕夏新華編，《近代中國憲政歷程：史料薈萃》，中國政法大學出版社 2004 年版，頁 35。

　　由於對戊戌政變心有餘悸，變法上諭發布之後，中央及地方士紳大都處於觀望之中，「各疆臣、使臣多未奏到」，不敢妄談變法。於是，爲了消除各方的疑慮，爲了宣示實行變法的決心，更爲了使得變法能夠被控制在「變令甲令乙，不變三綱五常」，慈禧太后於光緒二十七年三月初三日再次發布上諭，設立督辦政務處，作爲匯總機構，統率一切新政事宜：

　　「此舉（實施新政）事體重大，條件繁多，奏牘紛繁。務在體察時勢，抉擇精當，分別可行不可行，並考察其行之力不力。非有統率之區，不足以專責成而挈綱領。著設立督辦政務處，派慶親王奕劻、大學士李鴻章、榮祿、昆岡、王文韶、戶部尙書鹿傳霖爲督辦政務大臣，劉坤一、張之洞亦著遙爲參領。各該王大臣等，於一切因革事宜，務當和衷商榷，悉心祥議，次第奏聞。」〔註5〕

　　在變法上諭中，慈禧太后就指出此次變法的基本準則是不能觸動三綱五常，變法的基本方略是「取外國之長，補中國之短」（變法上諭）。設立督辦政務處的目的也正是要統率新政，使得在變法的過程中「抉擇精當，分別可行不可行」。我們這裡就簡略臚列一下自光緒二十七年三月設立督辦政務處〔註6〕以後，至光緒三十一年這五年的時間裏，督辦政務處所實行的新政：

光緒二十七年

　　整頓六部事務

　　整頓翰林院，著翰林院各官學習政治

　　總理衙門改爲外務部

　　整頓漕運

　　改革科舉，鄉試會試均考策論，不用八股程序文

　　取消武生童考試及武科鄉會試

〔註5〕上海商務印書館編譯所編，《大清新法令·第一卷》，上海商務印書館編譯所編纂，頁2。

〔註6〕督辦政務處的存在時間很短暫，其設立於光緒二十七年三月，光緒三十二年九月二十三日慈禧太后即以光緒帝名義發布上諭將督辦政務處改爲會議政務處。會議政務處在清末並沒有發揮很大的作用，原屬督辦政務處統率變法新政等事宜，在設立憲政編查館之後，幾乎完全交由憲政編查館統率負責。參見上海商務印書館編譯所編，《大清新法令·第一冊》，商務印書館2010年版，頁39。

整頓兵制，停止武科，各省建立武備學堂

停止納捐買官

各省設大學堂、中學堂、小學堂及蒙養學堂，學習四書五經綱常大義

各省選派學生出洋肄業

整頓中法仿行西法

准滿漢通婚

選派八旗子弟出洋遊學

光緒二十八年

整頓屯田衛所

命沈家本、伍廷芳修訂現行律例

改革陋規酌改公費

光緒二十九年

妥擬保護華商章程

查辦苛捐雜稅

於京師設立鑄錢總廠

設立商部

擬定商律

整頓軍政更定營制

各省督撫考核州縣官吏

擬定學堂章程

設立練兵處

光緒三十年

各省督撫考核州縣官吏

設農工小學堂

查辦苛捐雜稅

裁撤雲南、湖北巡撫缺

光緒三十一年

變通律例酌改重刑

擬定恤庶獄章程

整頓商務

選派學生出洋遊學

停考科舉專辦學堂

裁撤奉天府尹缺

改工巡局爲巡捕

擬定鑄造銀幣章程

設立考察政治館

設立學部〔註7〕

　　縱觀上面列舉的自光緒二十七年至光緒三十一年五年間清廷所辦的新政，不外乎整頓吏治，考訂律例，廢除科舉，選派遊學。其中整頓吏治，也不過是裁撤職缺、停止納捐、考察州縣官；修訂律例，也只是參酌西法、整頓中法，考訂重刑，恤庶獄而已。所有這些新政大部份還在傳統中國基本的政治格局之內，對改變中國政治的局面難以發揮大的影響。不過，其中廣派遊學和設立考察政治館，卻對清末新政的走向發揮了預想不到的作用。

第二節　第一次出洋考察政治

　　如前所述，設立督辦政務處以來的變法新政，實在是毫無新意，也沒有什麼大的建樹。這一點，連清廷中央也表示承認。

　　光緒三十一年六月十四日，清廷發布上諭，就設立督辦政務處以來的新政做了一個近乎是否定性的評價：

　　　方今時局維艱，百端待理，朝廷屢下明詔，力圖變法，銳意振

　　興，數年以來，規模雖具而實效未章，總由承辦人員向無所講求，

　　未能洞達原委，似此因循敷衍，何由起衰弱而救顚危。〔註8〕

────────────────

〔註 7〕參見，上海商務印書館編譯所編，《大清新法令・第一卷》，商務印書館 2011
　　　年版。

〔註 8〕故宮博物院明清檔案部編，《清末籌備立憲檔案史料》，中華書局 1979 年版，
　　　頁 1。

　　爲何朝廷屢下論旨，從中央到地方都在實行的新政最後卻「規模雖具而實效未章」呢？對於這一個問題，代表「天朝上國」走向陌生的「地上的世界」第一位高級代表〔註9〕駐英使臣郭嵩燾早在其《使西記程》裏就明確地給他在國內辦洋務的同仁以及辦新政的後進們指出來了：「西洋以智力相勝，垂兩千年。麥西、羅馬、麥加迭爲盛衰，而建國如故。近年英、法、俄、美、德諸大國角力稱雄，創爲萬國公法，以信義相先，尤重邦交之誼。致情盡禮，質有其文，視春秋列國殆遠勝之。……此豈中國高談闊論，虛驕以自張大時哉？……西洋立國自有本末，誠得其道，則相輔以致富強，由此而保國千年可也。不得其道，其禍亦反是。」〔註10〕郭嵩燾關於西方列強「信義爲先，尤重邦交之誼，致情盡禮，質有其文」之論固然是有些極意誇飾、甚至有些分不清是非黑白，但是他認爲西方列國的強盛有其「本末」，指出學習西方應該探求其強盛的根源，這一觀點確實指出了清末變法新政的問題所在。所以，必須切實考察東西洋各國強盛的根源，而不能僅僅「採西法以補中法之不足」，這種臨時的拼湊與簡單的嫁接，根本不可能實現新政，更不可能馴致富強。於是，清廷發布上論，要出洋考察政治。

　　光緒三十一年六月十四日，慈禧太后以光緒皇帝的名義發布上論：

> 茲特簡派載澤、戴鴻慈、徐世昌、端方等，隨帶人員，分赴東西洋各國考求一切政治，以期擇善而從。嗣後再行簡派分班前往，其各隨事諏詢，悉心體察，用備甄採，毋負委任。所有各員經費如何撥給，著外務部、戶部奏議。〔註11〕

　　同年十月二十九日，再次頒佈上論命督辦政務處王大臣設立考察政治館，作爲政治考察事務在國內的匯總機構：

> 派政務處王大臣設立考察政治館，延攬通才，悉心研究，擇各國政法之與中國治體相宜者，斟酌損益，擬定成書，隨時呈進，候

〔註9〕 參見，鍾叔河著，《從東方到西方——「走向世界叢書」敘論集》，上海人民出版社 1989 年版，頁 181。

〔註10〕 郭嵩燾著，《倫敦與巴黎日記》，嶽麓書社 1984 年版，頁 91。郭嵩燾，湖南湘陰人，於 1876 年～1879 年間任「出使英國欽差大臣（副使劉錫鴻），後併兼使法國，是中國歷史上常駐西方國家的第一任外交官。《倫敦與巴黎日記》是其駐使英法時以日記形式寫的英法兩國見聞的及評論。」

〔註11〕 故宮博物院明清檔案部編，《清末籌備立憲檔案史料》，中華書局 1979 年版，頁 1。

旨裁定。〔註12〕

一、考察政治大臣及其隨員

這一次考察政治是中國有史以來第一次以官方身份派員去東西洋國家考察學習政治制度。後來的歷史證明，這次考察政治使得清末的新政改革走向了新的方向。從考察政治大臣的規格及考察政治隨員的選擇標準可以看出，清廷對此次政治考察也十分的重視。

第一，考察政治大臣

此次考察政治大臣在考察政治上諭中已經明確指定載澤、戴鴻慈、徐世昌、端方和紹英。但是，由於考察政治大臣在光緒三十一年八月二十六日，從北京乘車第一次出行之時，遭遇革命黨人吳樾攜炸彈行刺，結果載澤、紹英受傷，尤其紹英受傷較重。後來為調查行刺事件及保障京師安全，改派徐世昌任新設的巡警部尚書，另派尚其亨、李盛鐸為考察政治大臣。所以，此次考察政治大臣主要為載澤、戴鴻慈、端方、尚其亨和李盛鐸。此處且將出行與未出行之考察政治大臣履歷均列如下，以方便我們對此次考察政治的人員加深瞭解。

載澤，貝子銜，封鎮國公；係嘉慶皇帝第五子惠親王綿愉孫；隸鑲白旗。光緒三十一年任考察政治首任大臣，於光緒三十二年任編纂官制大臣，光緒三十三年任度支部尚書，宣統元年任度支部尚書、籌辦海軍事務大臣及督辦鹽政大臣，宣統二年任度支部尚書、督辦鹽政大臣及纂擬憲法大臣，宣統三年續任度支部尚書及督辦鹽政大臣，後任奕劻內閣度支部大臣。授任考察政治大臣時以宗親貝子身份封鎮國公。

戴鴻慈，字少懷，廣東南海人。光緒二年選任翰林院庶吉士，光緒三十一年任戶部右侍郎；光緒三十二年任禮部尚書及編纂官制大臣，後改任法部尚書；宣統元年，續任法部尚書，協辦大學士，並兼為軍機大臣上學習行走，後差使俄國；宣統二年逝世，諡文誠。授考察政治大臣時任職戶部右侍郎。

端方，字午橋，號陶齋；滿州正白旗人。光緒八年舉人，光緒三十年任湖南巡撫，光緒三十一年任閩浙總督，光緒三十三年任兩江總督，宣統元年任直隸總督，宣統三年，任督辦粵漢鐵路大臣並署四川總督，於武昌起義期

間，因抗拒革命被殺，諡忠愍。授考察政治大臣時任職閩浙總督。

李盛鐸，字椒微，號木齋，江西德化人。光緒十五年榜眼。光緒二十四年以御史身份暫代出使日本大臣；光緒三十一年任順天府丞；考察政治結束後任出使比利時大使，宣統元年召回。授任考察政治大臣時任職順天府丞〔註13〕。

尚其亨，漢軍鑲藍旗，光緒三十年任福建布政使，光緒三十一年任山東布政使。授考察政治大臣時任職山東布政使。

徐世昌，字菊人，號水竹邨人，直隸天津人。光緒十二年任翰林院庶吉士，光緒二十九年任商部左丞，後任練兵處提調；光緒三十一年任兵部左侍郎，兼在軍機大臣上行走，會辦練兵大臣，督辦政務大臣，後因吳樾刺殺考察政治大臣事件，改授巡警部尚書；光緒三十二年，改任民政部尚書；光緒三十三年改任東三省總督；宣統元年，改任郵傳部尚書，督辦津浦鐵路大臣；宣統三年，任袁世凱內閣弼德院顧問大臣。授任考察政治大臣時授任兵部左侍郎兼在軍機大臣上行走。

紹英，光緒三十一年任商部右丞〔註14〕，光緒三十二年任度支部左侍郎，授考察政治大臣時任職商部右丞。〔註15〕

從以上考察政治大臣的履歷我們就可以看出，清朝中央權力機關此次政治考察所派大臣均係從三品以上銜，其品級與規格可謂前無古人後無來者。

〔註13〕 清沿明制，以京師及附近州、縣為順天府，作為「京府」。在清朝，除順天府外另設有奉天府，順天府為「京府」，奉天府為「留都」，制比京府。兩府均定為正三品衙門，與中央的通政使司、大理寺、詹事府、太常寺等衙門等級相同。比一般的府（從四品）高三級，其地位猶如各省巡撫，可以直接向皇帝奏事（一般的府呈交督撫轉奏）。並且二府都特派大臣兼管府尹事，此大臣由六部尚書、侍郎內簡用。在兼管大臣與府尹之下，設有府丞、治中、通判、經歷、照磨、司獄各一人；府丞自有辦事衙門，管理學校、考試之事，為從三品。參見張德澤編，《清代國家機關考略》，中國人民大學出版社，1981年版；李鵬年等編著，《清代中央國家機關概述》，紫禁城出版社1989年版。

〔註14〕 商部為清朝末年光緒年間新設的國家機關。光緒二十九年七月十六日上諭稱：「現在振興商務，應行設立商部衙門，所有應辦一切事宜，著該部尚書等妥擬具奏」；同年八月再下諭旨：「現在設立商部，所有路礦事務，應歸併商部，以專責成。」後由於光緒三十二年將工部併入商部，是為農工商部。商部成立時，著貝子載振補授商部尚書（從一品），伍廷芳著補授商部左侍郎，陳璧著補授商部右侍郎（正二品），尚書侍郎下設左右二丞（正三品）。參見上海商務印書館編譯所編，《大清新法令》，商務印書館2010年版，頁21。

〔註15〕 所列人物資料參考以下著作：錢實甫編《清季新設職官年表》，中華書局1961年版；故宮博物院明清檔案部編，《清末籌備立憲檔案史料》，中華書局1979年版。

　　第二，考察政治隨員。

　　在決定考察政治後，考察政治大臣載澤等上摺請求遴選考察政治隨員。並在該摺中提出考察隨員的遴選標準為：「此次所帶人員，必須擇其心地純正，識見開通者，方足以分任其事。〔註16〕」

　　根據此標準，遴選的考察隨員有：

　　內閣中書陸宗輿、翰林院編修鄧邦述、翰林院編修關冕鈞、翰林院檢討唐寶鍔、翰林院庶吉士熊希齡、翰林院庶吉士麥鴻鈞、商部員外郎楊道霖、商部員外郎柏銳、商部主事田步蟾、商部主事陸長俊、商部主事章宗祥、商部主事錢承鋕、戶部郎中薩蔭圖、戶部主事王伊、戶部主事龍建章、兵部主事關賡麟、刑部郎中段書雲、候選郎中刑部員外郎李焜瀛、直隸候補道朱寶奎、直隸候補道姚錫光、湖南補用道金還、分省補用道袁克定、候選道王豐鎬、道銜溫秉忠、江西南昌府知府沈曾植、湖南長沙府知府劉若曾、候選知府施肇基、候選知府伍光建、候選知府關景賢、候選知府丁士源、選用同知陳琪、候選知縣岳昭燏、選用知縣田吳炤、分省試用縣丞劉恩源、湖南補用參將姚廣順、湖南常備軍統帶官舒清阿、留直補用都司程璧光、縣丞銜曹復賡、江西道監察御史周樹模、湖廣道監察御史劉彭年等〔註17〕。

　　提出這一標準的原因在於之前向西方學習的困境：「古有明訓，方今各國政治藝術，日新月異，進步甚速，博採而參觀之，取善從長，良多裨益。顧我中華近十餘年來，非不派學生出洋，遣員遊歷，卒未聞卓著成效者，則由於提倡之不力，研究之不精，是以風氣雖開，而持論者或參成見，規模雖創，而任事者絕少專門，僅襲皮毛，難言實濟。」〔註18〕可見，晚清中央及考察五大臣也都認識到之前向西方學習的問題了。

二、考察政治的過程及結果

　　此次考察政治分兩路行走。一路以戴鴻慈、端方為首，考察北美及歐洲政治；一路以載澤、尚其亨、李盛鐸為首，主要考察日本及英國政治。

〔註16〕故宮博物院明清檔案部編，《清末籌備立憲檔案史料》，中華書局 1979 年版，頁 2。
〔註17〕參見，載澤著，《考察政治日記》，頁 571；鍾叔河主編《走向世界從書》系列，嶽麓書社 1986 年版。
〔註18〕故宮博物院明清檔案部編，《清末籌備立憲檔案史料》，中華書局 1979 年版，頁 2。

　　戴鴻慈、端方一路於光緒三十一年十一月十一日啓程出京，取道天津，十一月二十日抵達上海，十一月二十三日乘坐美國公司西伯利亞輪船票，先赴美洲考察，再分赴德、俄、意、奧等國。於光緒三十一年十二月二十九日抵達美京華盛頓，光緒三十二年正月二十二日乘輪放洋，取道英法，前赴德國。二月十三日行抵德京柏林。三月二十三日自柏林起程赴丹，二十四日觀見丹皇。二十七日赴瑞，二十八日觀見瑞皇，四月初三日赴那（威），四日觀見那皇。四月初八日返柏林，初十日由柏林啓程，途徑德聯邦薩克生、巴延兩國，十六日抵奧京維也納。光緒三十二年四月二十四日赴俄，二十六日行抵俄京森彼得堡。二十八日觀見俄皇，閏四月初四日將俄事辦畢，即啓程赴荷，初六日抵達荷京海牙，初八日觀見荷蘭女王。期間，由於載澤等在比利時考察，相距不過半日之程，遂與載澤等在比利時會晤商談一切。光緒三十二年閏四月十六日啓程赴意，二十三日抵達意京羅馬。二十六日觀見意皇。閏四月三十日登德國公司之呂爾坡輪船回國〔註19〕。

　　載澤、尚其亨、李盛鐸一路於光緒三十一年十一月十五日從北京出發，由滬放洋，三十一年十二月二十日乘法國公司船由吳淞口開行，二十二日抵達神戶。二十三日辰刻登岸，乘火車至日本西京，二十六日乘車至名古屋，二十八日巳刻抵達日本東京。日方接待人員東鄉平八郎。光緒三十二年正月初一日相見日本天皇。正月二十日由橫濱乘坐美國公司輪船，東渡太平洋，取道北美洲，前往英國。二月六日抵達西亞得埠，十五日抵達紐約，十六日由時任駐美大使梁誠〔註20〕偕同至華盛頓，拜晤美國總統。二十日由紐約乘坐英公司輪船渡大西洋，二十八日抵達英國利物浦登陸，駐英使臣汪大燮迎候，是日晚抵達倫敦。由於英王出行，並未呈遞國書。三月二十五日巳刻由倫敦啓程前往法國（在英駐留近一月），駐法使臣劉式訓〔註21〕於加賴迎候，戌刻行抵巴黎。二十六日拜晤法國總統。四月十六日再次由法赴英，呈遞國書。後由英赴比遊覽。考察事畢，李盛鐸即赴任駐比利時大使。閏四月十九日由法國馬賽乘坐法國公司輪船啓程內渡。根據以上數據，可知此次考察政治行程共計在八個月左右，考察了十三個國家，除去舟車往來，考察政治活動亦在半年之多。

〔註19〕 參見，戴鴻慈《出使九國日記》，鍾淑河編，《走向世界叢書》，嶽麓書社1986年版。

〔註20〕 梁誠，廣東番禺人，光緒二十八年至三十三年，任駐美大使。

〔註21〕 劉式訓，江蘇南匯人，光緒三十一年至宣統三年，任駐法國和西班牙大使。

　　考察政治大臣就考察各國情形向慈禧太后和光緒帝呈遞了美國考察情形摺，德國考察情形摺，丹麥、挪威、瑞典考察情形摺，奧地利考察情形摺，俄國考察情形摺，意大利考察情形摺，荷蘭考察情形摺（以上七摺為戴鴻慈一路呈遞），日本考察情形摺，英國考察情形摺，法國考察情形摺，比利時考察情形摺。對於美國、丹麥、挪威、瑞典、奧地利、意大利、荷蘭、法國幾個國家，考察政治大臣的結論大致不出於「不必有所取材，而適足增無窮之閱歷矣」。〔註22〕考察政治大臣認為應認真學習考察的是俄國、英國、德國和日本。

　　學習俄國是因為該國與中國有三個共同點，其一是同為專制之國，其二是同在對日戰爭中潰敗，其三是同在探索本國立憲救國之路。學習英國是因為英國行君主立憲制，「立法操之議會，行政責之大臣，憲典掌之司法，君主裁成於上，以總核之。其興革諸政，大都由上下兩議院議妥，而後經樞密院呈於君主簽押施行。故一事之興，必經眾人之討論，無慮耳目之不周，一事之行，必由君主之決成，無慮事權之不一。事以分而易舉，權以合而易行，所由百官承流於下，而有集思廣益之休，君主垂拱於上，而有暇豫優游之樂。」但是，英國的君主立憲制下「設官分職，頗有複雜拘執之處，自非中國政體所宜，棄短用長，尚需抉擇」。〔註23〕學習德國是因為「其人民習俗，亦覺有勤儉質樸之風，與中國最為相近。」而且「日本維新以來，事事取資於德，行之三十載，遂致勃興。中國近多歆羨日本之強，而不知溯始窮原，正當以德為借鏡。」尤其要學習德國的軍事，改革中國的軍隊〔註24〕。此外，考察政治大臣還面見德皇請教中國改革之事，德皇回答說：「論及中國變法必以練兵為先，至於政治措施，正宜自審國勢，求其各當事機，貴有獨具之規模，不在徒摹夫形式。」〔註25〕而日本作為突然崛起的東方鄰國，由於明治維新

〔註22〕《清末籌備立憲檔案史料》，故宮博物院明清檔案部編，中華書局1979年版，頁14。

〔註23〕故宮博物院明清檔案部編，《清末籌備立憲檔案史料》，中華書局1979年版，頁11。

〔註24〕對此，考察政治大臣戴鴻慈、端方於考察回國之後專門奏請慈禧太后和光緒皇帝以德國為鏡鑒改革軍政，提出十項軍事改革策略，其中包括軍事大政、籌建海軍、軍事教育、軍事工業、軍備等各項內容。可參見《出使各國考察政治大臣戴鴻慈等奏請以取法德國為主改革軍政摺》，載故宮博物院明清檔案部編，《清末籌備立憲檔案史料》，中華書局1979年版。

〔註25〕故宮博物院明清檔案部編，《清末籌備立憲檔案史料》，中華書局1979年版，頁9～10。

而迅速富強，是此次考察政治最主要的一個目標。鎮國公載澤的第一站就是日本，經過對日本一個月的考察，載澤認為：

> 日本自維新以來，一切政治法律取法歐洲，復斟酌於本國人情風俗之異同，以為措施之本，而章程、法律時有更改，頭緒紛繁，非目睹情形，不易得其要領。連日率同參隨各員赴其上下議院、公私大小學校，及兵營、械廠、警察、裁判、遞信諸局署，祥為觀覽，以考行政之機關與其管理監督之法。又與彼政府各大臣，伊藤博文、大隈重信諸元老，及專門政治學問之博士，從容討論，以求立法之原理與其嚴格損益之宜。大抵日本立國之方，公議共之臣民，政柄操之君上，民無不通之隱，君有獨尊之權。其民俗有聰強勤樸之風，其治體有劃一整齊之象，其富強之效，雖得力於改良律法，精練海陸軍，獎勵農工商各業，而其根本則尤在教育普及。自維新之初，即行強迫教育之制，國中男女皆入學校，人人知納稅充兵之義務，人人有尚武愛國之精神，法律以學而精，教術以學而備，道德以學而進，軍旅以學而強，貨產以學而富，工業以學而巧，不恥效人，不輕舍己，故能合歐化漢學鎔鑄而成日本之特色。雖其興革諸政，未必全無流弊，然以三島之地，經營二三十年，遂至抗衡列強，實亦未可輕量。至其法令條規，尤經彼國君臣屢修屢改，幾費切磋，而後漸臻完密。〔註26〕

據此，載澤等認為日本強盛的理由主要有「改良法律」、「精練陸軍」、「獎勵農工商」、「普及教育」等項，其中最重要的是「普及教育」。他認為正是教育使得日本國民發生了巨大的改變，成為「知納稅之義務」、「有尚武之精神」的新國民，而且是教育使得日本的法律、道德、軍事、經濟得以強大。但是這些強盛的理由及強盛所取得的成果的最關鍵之處在於日本國自明治以來所持有的「不恥效人，不輕舍己」的維新態度，以及「合歐化漢鎔鑄而成日本之特色」的維新方略。於是，載澤認為，日本足以備將來之借鏡。

在考察政治途中，考察政治大臣對各國政治強盛的原因、經過與過程詳細諮詢，逐漸感到立憲是東西洋各國強盛的根本原因。光緒三十一年底，載澤尚在考察途中即上書慈禧太后和光緒皇帝，對比解釋各國立憲的過程，以及在當前的世界局勢中，立憲對一個國家不可替代也不可忽視的重要作用：

〔註26〕故宮博物院明清檔案部編，《清末籌備立憲檔案史料》，中華書局 1979 年版，頁 6。

憲法者，所以安宇內，禦外侮，固邦基，而保人民者也。濫觴於英倫，踵行於法、美，近百年間，環球諸君主國，無不次第舉行。竊跡前事，大抵弱小之國，立憲恆先，瑞典處北海，逼強俄，則先立，葡萄牙見迫於西，則次之，比利時、荷蘭，壞地褊小，介居兩大，則次之，日本避在東瀛，通市之初，外患內訌，國脈如縷，則次之。而俄國斯處負嵎之勢，兵力素強，得以安常習故，不與風會為轉移，乃近以遼瀋戰爭，水陸交困，國中有識之士，聚眾請求，今亦立布憲之法矣。最強之國，所以立憲最後者，其受外來之震盪輕，故其動國本之感情緩。然而強大如俄，猶激動於東方戰敗，計無復之，不得不出於立憲，以冀挽回國勢。觀於今日，國無強弱，無大小，先後一揆，全出憲法一途，天下大計，局可知矣。〔註27〕

　　大國如英、美、西班牙，小國如瑞典、葡萄牙、比利時、荷蘭，古老帝國如俄羅斯，東瀛小國如日本，均順應世界局勢，次第立憲。可見，立憲是「天下大計」，只有立憲可以「挽回國勢」。帶著這個想法，載澤與戴鴻慈等人於光緒三十二年閏四月在比利時會面晤談交換意見，達成共識：立憲，是大清政府唯一的選擇。於是，回國之後，載澤和戴鴻慈均向清廷上摺請求立憲，認為立憲是拯救大清王朝的唯一選擇。

第三節　仿行立憲設立憲政編查館

　　根據光緒年間的革命刊物《醒獅》〔註28〕第一期的記載，早在派員考察

〔註27〕《清末籌備立憲檔案史料‧上冊》，故宮博物院明清檔案部編，中華書局1979年版，頁110。

〔註28〕《醒獅》，為晚清時期革命派的主要刊物之一，於1905年9月創刊於日本，刊物形式為月刊，共出五期，在日本東京印刷出版，由東京中國留學生會館總發行。每期有論說、軍事、教育、政法、學術、化學、醫學、音樂、談叢、文苑、小說、時評、雜錄等欄目，編輯兼發行人為李雲，撰稿人有朱舟霞、柳亞子、馬君武、李叔同、宋教仁、高旭、今天翮、王建善等。該刊物以宣揚「愛國、民主、革命」的刊物主旨。其發刊詞為：美哉黃帝子孫之祖國兮可愛兮，北盡黑龍西跨天山東南至海兮，皆我歷代先民之所經營拓開兮，如獅子兮奮迅震猛雄視宇內兮。誅暴君兮除盜臣兮彼爲獅害兮，自由兮獨立兮博愛兮書與旆兮，唯此地球之廣漢兮尚有所屈兮，我皇帝子孫之祖國其大無畏兮。見《辛亥革命時期期刊介紹Ⅱ》，中國社會科學院近代史研究所編，人民出版社1982年版，頁367。

政治之前，慈禧太后就曾召見考察大臣，詢問立憲之事：「今日滿政府有立憲之意，有某大臣者謁見西太后，西太后語曰：『立憲一事，可使我滿洲朝基礎，永久確固，而在外革命黨，亦可因此消滅，候調查結局後，若果無妨害，則必決意實行。』」〔註29〕由此可知，慈禧太后對立憲還是有所耳聞。

如前所述，考察大臣載澤於光緒三十一年在考察途中上摺請求以五年爲期改行立憲政體，陳述立憲爲時代的必然趨勢。在奏摺中，載澤稟告慈禧太后和光緒皇帝，立憲政體「利於君、利於民，而獨不利於庶官。考各國憲法，皆有君位尊嚴無對，君統萬世不易，君權神聖不可侵犯諸條，而凡安樂尊嚴之典，君得獨享其成，艱巨疑難之事，君不必獨肩其責。民間之利，則租稅得平均也，獄訟得控訴也，下情得上達也，身命財產得保護也，地方政府得參與補救也。之數者，皆公共之利權，而受治於法律範圍之下。至臣工則自首揆以致鄉官，或特簡，或公推，無不有一定之責成，聽上下之監督，其貪墨疲冗、敗常溺職者，上得而罷斥之，下得而攻退之。東西諸國，大軍大政，更易內閣，解散國會，習爲常事，而指視所集，從未及於國君。此憲法利君利民不便庶官之說也。」〔註30〕在載澤的陳述中，立憲完全可以確保「滿洲朝基礎，永久確固」。而且，不僅如此，還可以使滿清皇室處於「獨享其成」而「不負其責」的優渥地位。

基於載澤等人的諫言，慈禧太后於光緒三十二年七月十三日，發布上諭仿行立憲：

> 載澤等回國陳奏，皆以國勢不振，實由於上下相睽，內外隔閡，官不知何以保民，民不知何以衛國。而各國之所以富強者，實由於實行憲法，取決公論，軍民一體，呼吸相通，博採眾長，明定權限，以及儲備財用，經畫政務，無不公之於黎庶，又兼各國相師，變通盡利，政通民和有由來矣。時處今日，惟有及時祥晰甄核，仿行憲政，大權統於朝廷，庶政公諸輿論，以立國家萬年有道之基。但目前規制未備，民智未開，若操切從事，徒飾空文，何以對國民而昭大信。故廓清積弊，明定責成，必從官制入手。亟應先將官制分別議定，次第更張。

〔註29〕《辛亥革命前十年時論選輯·第二卷》，生活讀書新知三聯書店 1963 年版，頁 70。

〔註30〕故宮博物院明清檔案部編，《清末籌備立憲檔案史料·上冊》，中華書局 1979 年版，頁 111。

並將各項法律詳慎釐訂，而又廣興教育，清理財政，整頓武備，普設
巡警，使紳民明晰國政，以預備立憲基礎。〔註31〕

　　從此，清末的變法新政進入了立憲階段。然而，即便考察政治大臣力陳
立憲之利，而且慈禧太后已經發布上諭仿行立憲改革官制，立憲已成大勢所
趨，保守派們對立憲仍然是談虎變色。

　　在籌備立憲上諭發布之後不久，內閣學士文海就於光緒三十二年八月二十
二日上摺力斥立憲有「削奪君權、敗壞國家、貽誤大局、敗壞風俗、急功近利、
淆亂政局」六大錯，陳請慈禧太后和光緒帝要審查出洋考察政治五大臣，認爲
考察政治大臣有矯詔之嫌並奏請罷議釐定官制。〔註32〕由此，掀起了清廷內部
反對立憲的浪潮。御史趙炳麟上摺指出立憲有「大臣陵君郡縣專橫之弊」，通政
使郭曾炘上摺請求「徐議立憲」，軍機章京鮑心增認爲應「護惜三綱振興吏治不
必泥言立憲」，候補內閣中書黃運藩陳請「罷議立憲」，湖南試用道李頤請「徐
圖立憲」，還有楮子臨等一些保守的舉人諸子上書力陳「憲政八大錯」。他們認
爲一旦立憲則必然危害君主大權，進而地方割據，導致國家內亂加劇〔註33〕。

　　對此，載澤於同年再次上摺，分析立憲對整個國家產生的各種利弊和分
析反對立憲者的心理。他首先指出「立憲之行，利於國，利於民，而最不利
於官。若非公忠謀國之臣，化私心，破成見，則必有多爲之說，以熒惑聖聽
者。蓋憲法既立，在外各督撫，在內諸大臣，其權必不如往日之重，其利必
不如往日之憂，於是設爲疑似之詞，故作異同之論，以阻撓於無形。彼其心，
非有所愛於朝廷也，保一己之私權而已，護一己之私利而已。顧其立言則必
防損主權。不知君主立憲，大意在於尊崇國體，鞏固君權，並無損之可言。」
其次，載澤又以日本立憲爲例，引用日本立憲功臣伊藤博文及法學博士穗積
八束的理論，指明立憲是實現「尊崇國體，鞏固君權」的最佳道路，「以日本

<hr>

〔註31〕 上海商務印書館編譯所編纂，《大清新法令·第一卷》，商務印書館 2011 年版，
　　　　 頁 37。
〔註32〕 文海在其《內閣學士文海奏立憲有六大錯請查核五大臣所考政治並即裁撤釐
　　　　 定官制摺》中稱：「前簡五大臣赴各國考察政治，並設考察政治館，原以知己
　　　　 知彼，參酌得失，修我政治也。當時明降諭旨考察政治，並未專指立憲而言，
　　　　 乃該大臣回國覆奏，竟以立憲爲請。細譯立憲各節，並無裕國便民之計，似
　　　　 有削奪君主之權。此大錯也。」故宮博物院明清檔案部編，《清末籌備立憲檔
　　　　 案史料》，中華書局 1979 年版，頁 139。
〔註33〕 統治集團關於立憲的爭論，參見，故宮博物院明清檔案部編，《清末籌備立憲
　　　　 檔案史料·上冊》，中華書局 1979 年版。

憲法考之，證以伊藤侯爵之所指陳，穗積博士之所講說，君主統治大權，凡十七條，是爲：裁可法律，公佈法律，執行法律，由君主；召集議會，開會，閉會，停會，及解散議會，由君主；以緊急敕令代法律，由君主；發布命令，由君主；任官免官，由君主；統御海陸軍，由君主；編制海陸軍常備兵額，由君主；宣戰，講和，締約，由君主；宣告戒嚴，由君主；授予爵位勳章及其他榮典，由君主；大赦，特赦，減刑及復權，由君主；貴族院組織，由君主；財政上必要之緊急處分，由君主；憲法改正發議，由君主。」這十七項大權包括立法修律，內政外交，軍備財政，官吏任免，生殺予奪等一切立法、行政、司法大權，這些大權都由君主統御，可見立憲是「鞏固君權」，而不是如其他大臣所說的有「陵君權」的危險。接著，根據大清朝所面臨的內憂外患，載澤指出，立憲可以使得「皇位永固」、「外患漸輕」、「內亂可弭」。最後，載澤指出：「立憲之利如此，及時行之，何嫌何疑！」〔註34〕於是，籌備立憲在立憲與反對立憲的爭論中蹣跚前行。正如兩廣總督岑春煊於光緒三十三年四月在奏摺中指出的：「觀今日世界殆無無憲之國，無論何種政體，變遷沿革，百折千回，必歸於立憲而後底定。」清廷中央權力階層自己也知道，立憲是他們擁有的唯一的選擇。

　　爲了統一輿論，也爲了使籌備立憲有一個匯總的事務機構，光緒三十三年七月初五日，軍機大臣慶親王奕劻等奏請設立憲政編查館統率憲政事宜：

> （自下旨預備立憲以來）入手辦法，總以研究爲主，研究之要，不外編譯東西洋各國憲法，以爲借鏡之資，調查中國各行省政俗，以爲更張之漸，凡此兩端，皆爲至當不易，刻不容緩之事。擬請旨將考察政治館改爲憲政編查館，以便切實開辦，所有軍機大臣、大學士、參與政務大臣會議事宜，應請改由內閣辦理，其會議一切章程，即由內閣酌定。憲政編查館，應請旨由軍機處王大臣總理其事，仍設提調二員，即以原派之提調改充（此處所指爲考察政治館編制），專辦編製法規、統計政要各事項。嗣後遇有關憲政及各種法規條陳，並請飭交該館議覆，以歸一律。〔註35〕

〔註34〕故宮博物院明清檔案部編，《清末籌備立憲檔案史料・上冊》，中華書局1979年版，頁173。

〔註35〕故宮博物院明清檔案部編，《清末籌備立憲檔案史料・上冊》，中華書局1979年版，頁45。

　　按照慶親王奕劻的思路，將原屬於督辦政務處的考察政治館改制，改爲憲政編查館。考察政治館原本以考察政治爲主要職責，其館務以編書、翻譯諮詢爲主。現在考察政治已經告一段落，清廷要仿行立憲，而考察政治館是當時唯一對立憲事宜有基本瞭解的機構，將考察政治館改爲憲政編查館，可以使得原屬考察政治館的新政人才直接著手進行籌備憲政事宜，現在直接改制爲管理憲政，與人力、編制等問題上更爲直接有效。

　　同日，慈禧太后以光緒皇帝的名義發布上諭，著改考察政治館爲憲政編查館，籌辦一切憲政事宜：

>　　奕劻等奏請改考察政治館專辦憲政，其會議政務事宜，歸併內閣辦理一摺。從前設立考察政治館，原爲辦理憲政，一切編製法規、統計政要各事項，自應派員專司其事，以重責成。著即改爲憲政編查館，資政院未設以前，暫由軍機處王大臣督飭原派該館提調詳細調查編定，以期次第施行。所有軍機大臣、大學士、參與政務大臣會議事宜，著改由內閣辦理。〔註36〕

　　十日之後，新任憲政編查館總領軍機王大臣奕劻即上摺呈遞憲政編查館辦事章程，確定了憲政編查館的機構與職權。自此，清末變法新政進入了籌備憲政的新階段。憲政編查館則以「憲政之樞紐」的身份，開啓了晚清籌備憲政的歷史。

本章小結

　　本章主要在於描述設立憲政編查館的時代背景。從清廷發布變法上諭設立督辦政務處開始，開啓了晚清法制改革的時代，在這個改革的過程中，清廷希望實行新政，但是督辦政務處下的新政由於毫無講求，並沒有非常突出的成就，最後清廷發布上諭向東西洋訪求政治。考察政治大臣回國後陳請立憲，由此晚清的法制改革走向了仿行憲政的道路。實行憲政必須要有統率憲政的機構，就像新政伊始有督辦政務處一樣，於是憲政編查館就在清末仿行立憲上諭發布之後應運而生，成爲晚清籌備立憲的統帥機構，以「憲政之樞紐」的地位，推進清末的改革走向另一個臺階。

〔註36〕故宮博物院明清檔案部編，《清末籌備立憲檔案史料・上冊》，中華書局1979年版，頁46。

第二章　憲政編查館的職權、機構、人事與地位

第一節　憲政編查館的設立

　　憲政編查館是清末新政改革中的一個過渡性機構。它的前身是光緒三十一年十月設立於督辦政務處之下的考察政治館，三十三年七月五日考察政治館改制爲憲政編查館，宣統三年五月改革內閣官制時，憲政編查館即被裁撤，其職權和編制等歸併到內閣法制院。可見，此機構的存在時間很短，前後持續了不到四年的時間。然而就是在短暫的時間內，該機構以「憲政之樞紐」的身份，統率了清末的籌備立憲事宜，成爲清末中央的權利匯總機構。

一、憲政編查館機構沿革

　　憲政編查館前身爲設置於光緒三十一（1905 年）年十月二十九日的考察政治館。光緒三十一年六月十四日，清廷派載澤、戴鴻慈、端方等大臣出洋考察政治，同年十一月設置考察政治館。待考察政治大臣考察事畢回國之後，各考察大臣奏請慈禧太后和光緒帝採納立憲之制，懇請宣示國是預備立憲。於是，慈禧太后在確知立憲可以使「皇位永固、外患漸輕、內亂可弭」，以及立憲之後依然是「大權統於朝廷」，不過以「庶政公諸輿論」之後，遂以光緒帝的名義於光緒三十二年七月十三日發布上諭，決定「仿行憲政」。仿行憲政以「釐定官制」爲切入點，同時並「將各項法律詳愼釐定，而又廣興教育，清理財政，整頓武備，普設巡警」，以使「紳民明晰國政，以預備立憲基礎」，

「儲立憲國民之資格〔註1〕」。於是，「先行釐定官制，特派載澤等公同編纂，悉心妥訂，並派慶親王奕劻等總司核定〔註2〕」。從此，開始了清末的憲政改革。

憲政改革需要專門的辦理機構，於是，考察政治館王大臣慶親王奕劻上摺奏請將考察政治館改爲憲政編查館，專門辦理有關憲政事宜，負責一切與憲政有關的編製法規、統計政要等事。光緒三十三年七月五日，清廷發布上諭，著考察政治館「改爲憲政編查館，資政院未設以前，暫由軍機處王大臣督飭」，負責「一切編製法規、統計政要各事項」〔註3〕。考察政治館改爲憲政編查館並非是簡單地改名換姓，隨著《憲政編查館辦事章程》及《考核專科章程》的頒佈，憲政編查館在機構的設置、執掌的權屬等方面較考察政治館都做了大的改動，根據該辦事章程，該館執掌考察憲政、草擬憲法，釐定官制、考核法典，審議法規，調查統計、發行官報等各項職權。從此，憲政編查館以「憲政樞紐」的地位，領導了晚清的憲政改革和法制改革，包括起草憲法大綱，制定九年籌備立憲清單，考核籌備立憲事宜的實行，續定中央及地方官制，審核修訂法律館所制定的法律，會同制定或審議各部院及各省所制定的行政法規或單行法規等事宜。

至宣統元年，各省諮議局召開議事，聯合奏請召開國會頒佈憲法。宣統二年資政院開院議事，以準議會的地位提起了以立法權爲主要內容的資政院立法範圍問題。由於地方諮議局和資政院的請願，以及地方督撫的陳請，清廷最終迫於壓力縮短於宣統五年發布憲法實行憲政，並著定於宣統二年釐定新內閣官制。至宣統三年四月初十日，清廷發布上諭組建責任內閣，命慶親王奕劻爲內閣總理大臣，大學士那桐、徐世昌爲內閣協理大臣〔註4〕。隨後，內閣總理大臣奕劻等奏定內閣屬官官制及內閣法制院官制，在內閣下設立承宣廳、制誥局、敍官局、統計局、印鑄局、法制院等機構。在新內閣官制中，敍官局負責一切官制事宜，統計局負責一切統計事宜，印鑄局負責官報及其

〔註1〕上海商務印書館編譯所編，《大清新法令・第一卷》，商務印書館2011年版，頁37。

〔註2〕故宮博物院明清檔案部編，《清末籌備立憲檔案史料・上冊》，中華書局1979年版，頁385。

〔註3〕故宮博物院明清檔案部編，《清末籌備立憲檔案史料・上冊》，中華書局1979年版，頁45。

〔註4〕故宮博物院明清檔案部編，《清末籌備立憲檔案史料・上冊》，中華書局1979年版，頁566。

他一切官方文件的發行，法制院負責法律法令的撰擬、增刪、廢改、審核、解釋等一切有關法制統一事宜。隨即，宣統三年五月二十七日清廷發布上諭：酌擬內閣屬官官制暨內閣法制院官制，……所有憲政編查館、吏部、中書科、稽察欽奉上諭事件處、批本處等衙門，著一併裁撤。〔註5〕至此，憲政編查館被裁撤，其職權分散至資政院、敘官局、統計局、印鑄局和內閣法制院。

憲政編查館自光緒三十三年七月五日設立，至宣統三年五月二十七日裁撤，前後不到四年的時間。然而正是在這短暫的四年時間裏，作為一個過渡性機構，在清末的仿行立憲過程中，憲政編查館以「憲政樞紐」的地位，主持、策劃、督導了清末的憲政改革。

二、憲政編查館關防、館址、經費及奏稿

（一）關防

在光緒三十三年七月五日，設立憲政編查館諭旨發布之後，主管憲政編查館事務的軍機王大臣奕劻即上摺慈禧太后和光緒帝，奏請開用憲政編查館關防日期。有了關防日期，憲政編查館才可以正式開始籌備立憲的工作，根據奕劻開用憲政編查館官方日期摺：

> 本年（光緒三十三年）七月初五日欽奉懿旨：考察政治館即改為憲政編查館，暫由軍機處王大臣督飭，原派該館提調詳細調查編定以期次第施行等因。欽此。仰見朝廷思艱圖治通變宜民之至意，欽感莫名。臣等遵飭原派該提調等妥擬詳章，悉心經理，惟館名既已更易，自應另換關防以資信守。茲刊刻木質關防一顆，文曰「欽命憲政編查館王大臣關防」，謹擇於七月十六日起鈐。其考察政治館關防應即銷毀，所有開用關防日期緣由，理合恭摺具陳伏乞皇太后皇上聖鑒。謹奏。再，本年二月十六日準釐定官制王大臣諮稱境內官制編定奏明，奉旨宣佈外省官制業將草案酌擬目下已無可辦之事，所有木質關防移送臣館查收存儲等因。前來伏查外省官制復由臣奕劻、臣孫家鼐詳慎核定，業於本年五月十七日具奏，欽奉諭旨施行在案。現在京外官制一律編定完竣，其有未盡事宜即歸臣館辦理，所有前刊釐定官制王大臣之關防一

〔註 5〕故宮博物院明清檔案部編，《清末籌備立憲檔案史料・上冊》，中華書局 1979 年版，頁 576。

顆，自應銷毀，以昭愼重。〔註6〕

由此可知，憲政編查館關防印信爲木質關防，關防刻文爲「欽命憲政編查館王大臣關防」，關防開用日期爲光緒三十三年七月十六日。

開用憲政編查館關防需三個步驟：

第一，銷毀考察政治館關防；

第二，啓鈐憲政編查館關防；

第三，其他相關事務關防一律歸併銷毀。

從此，所有原屬考察政治館和官制改革部門事務，盡皆專歸憲政編查館管轄，其關防一併移交並銷毀。

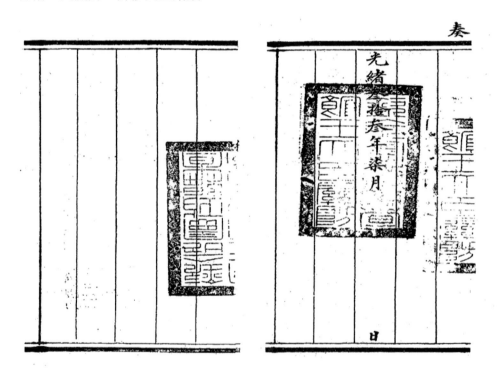

關防掃描圖片：欽命憲政編查館王大臣關防

（二）館址及經費

憲政編查館的辦公地址有兩處，一處包括編製局、統計局、譯書處、圖書館、庶務處等本部機構所在地；第二處是憲政編查館下屬政治官報局所在地。

〔註6〕參見，國家圖書館藏歷史檔案文獻叢刊，《清憲政編查館奏稿匯定》，全國圖書館文獻縮微複製中心 2004 年版，頁 115～124。

　　根據光緒三十三年七月五日上諭，原屬考察政治館一切人員、編制等盡歸憲政編查館。憲政編查館成伊始，仍用原屬考察政治館辦公地點，之後於宣統元年六月十四日，搬遷至東安門外大街北路〔註7〕。這是憲政編查館本部的辦公地址所在地。官報局《政治官報》的辦公地點則在王府井大街。〔註8〕

　　根據光緒三十三年七月十六日奕劻等奏請憲政編查館辦事章程摺，就憲政編查館「其館中所需經費，擬請飭下度支部由專使考察政治項下隨時撥給，仍飭該提調等撙節動用，勿得虛糜。」由此可知，憲政編查館經費仍然是沿用考察政治館經費撥報方式，並非漫無限制。其具體數據，根據清宮檔案有關憲政編查館費用的記錄，「憲政編查館每年應需經費銀七萬兩千六百兩，分四季支付。」〔註9〕憲政編查館的費用不算高，這是由於憲政館的經費只用來支付本館官員的薪水和辦公用品，全國上下推行憲政的各項具體工作的經費並不由憲政編查館來支付。〔註10〕這是憲政編查館在晚清憲政中的地位，以及憲政編查館的機構組織形式決定的，這一點，我們會在下一節詳細的敘述。

（三）憲政編查館奏稿

　　根據資料顯示，憲政編查館對專辦事務，都是有館務大臣聯名副署，直接上奏皇帝，擁有直接上奏權。直接上奏權在君主專制政體下非常重要，根據莊吉發先生對奏摺的地位和功用的研究：「奏摺原為君主廣諮博彩的主要工具，臣工凡有聞見，無論公私事件，俱應據實奏聞，一邊君主集思廣益，督撫提鎮司道等員，彼此不能相商，各報各的，其內容較例行本章翔實可信，所有不便行諸本章的機密事項，或與朝廷體統攸關的事情，或有興革更張之請等，俱在奏摺之列，而且奏摺因有君主的朱批，更增加其價值。」〔註11〕

　　清末新政是一項破舊立新的事情，而且是用西方的政治法律制度來改造中國傳統的政治制度。因此，其受到的阻力毋庸置疑是前所未有的。所以，授權這樣一個主持立憲的樞紐機構以直達皇帝的言事權，對立憲的有效推行有十分重要的意義。

〔註7〕參見，彭劍著，《清季憲政編查館研究》，北京大學出版社2011年版，頁11。

〔註8〕第一地址可見政治官報局所發行的政治官報，其封面上都印有「北京東長安牌樓王府井大街」。

〔註9〕彭劍著，《清季憲政編查館研究》，北京大學出版社2011年版，頁12。

〔註10〕彭劍，《清季憲政編查館研究》，北京大學出版社2011年版，頁12。

〔註11〕莊吉發著，《清代奏摺制度》，臺北，故宮博物院1979年版，頁5。

憲政編查館奏稿圖

第二節　憲政編查館的職權

　　憲政編查館是清末仿行立憲的樞紐，根據憲政編查館王大臣奕劻奏請設立憲政編查館的初衷，該館是要統率「一切編製法規、統計政要各事項。」而且，「遇有關憲政及各種法規條陳，並請飭交該館議覆，以歸一律。〔註12〕」仔細梳理憲政編查館設立前後的相關上諭和規章以及機構的組織變化，可以發現憲政編查館的職權是在隨著仿行立憲事務的進展而逐漸擴展的。

一、憲政編查館職權的來源

　　憲政變差館的職權主要來源於設立該館的上諭，辦事章程，以及相關機構的裁撤與隨之而來的職權歸併。

（一）上諭

　　與憲政編查館職權有關的上諭主要有兩則。

　　第一則爲光緒三十三年七月處五日考察政治館改爲憲政編查館上諭，此上諭爲憲政編查館一切職權的最終來源：「一切編製法規、統計政要事項，自應派員專司其事，以重責成。設憲政編查館，資政院未開以前，暫由軍機處王大臣督飭該館提調詳細調查編定，以期次第實行。〔註13〕」

　　第二則爲光緒三十四年八月初一日九年籌備立憲逐年籌備事宜諭。此上諭爲憲政編查館職權的補充。在此上諭中，清廷發布了資政院未開以前逐年應行籌備事宜，而憲政編查館則負責一切事宜的督辦與查核：「逐年應行籌備事宜，均屬立憲國應有之要政，必須秉公認眞次第推行。著該館院將此項清單，附於此次所降諭旨之後，刊行謄黃，呈請蓋用御寶，分發在京各衙門，在外各督撫、府尹、司道，敬謹懸掛堂上，即責成內外臣工遵照單開各節依限舉辦。每屆六個月，將籌辦成績臚列奏聞，並啓報憲政編查館查核。各部院領袖堂官、各省督撫及府尹，遇有交替、接任人員應會同前任將前任辦理情形，詳細奏明，以期各有考成，免涉諉卸。凡各部及外省同辦事宜，部臣本人有糾察外省之責，應嚴定殿最分別奏聞。並著該館院王大臣奏設專科切實考核。〔註14〕」

〔註12〕故宮博物院明清檔案部編，《清末籌備立憲檔案史料》，中華書局1979年版，頁47

〔註13〕故宮博物院明清檔案部編，《清末籌備立憲檔案史料・上冊》，中華書局1979年版，頁45。

〔註14〕故宮博物院明清檔案部編，《清末籌備立憲檔案史料・上冊》，中華書局1979年版，頁68。

（二）機構的裁撤與歸併

在憲政編查館之前，清廷中央政府在發布變法上諭之後，於光緒二十七年三月三日設立督辦政務處統領變法，以慶親王奕劻為督辦政務處王大臣。光緒三十二年七月十三日發布仿行立憲上諭之後，又於光緒三十三年九月二十日派載澤等編撰官制，派慶親王奕劻總司核定。後來，督辦政務處於光緒三十二年九月二十三日改為會議政務處，編纂官制大臣也分別與光緒三十二年至光緒三十三年初將中央與地方新官制上奏。光緒三十三年七月五日又發布上諭改考察政治館為憲政編查館專辦憲政，由督辦政務處王大臣、編纂管制總司核定大臣奕劻總領該館事務。根據新任憲政編查館王大臣奕劻所奏：「本年（光緒三十三年）二月十六日準釐定官制王大臣諮稱境內官制編定奏明，奉旨宣佈外省官制業將草案酌擬目下已無可辦之事，所有木質關防移送臣館查收存儲等因。前來伏查外省官制復由臣奕劻、臣孫家鼐詳慎核定，業於本年五月十七日具奏，欽奉諭旨施行在案。現在京外官制一律編定完竣，其有未盡事宜即歸臣館辦理，所有前刊釐定官制王大臣之關防一顆，自應銷毀，以昭慎重。﹝註15﹞」據此可知，原屬督辦政務處及下屬考察政治館與原屬官制大臣諸變法及釐定官制事務，均交由憲政編查館辦理。

（三）相關辦事章程的規定

1、《憲政編查館辦事章程》

根據奕劻奏請頒佈的《憲政編查館辦事章程》摺，在陳述憲政編查館職權時，奕劻指出：

> 查立憲各國，無不以法治為主義，而欲達法治之域，非先統一法制不可。各項法制規模大具，然後憲法始有成立之期，故各國政府大都附設法制局，以備考核各處法案，而統一法案核定以後，始付議院議決。臣館職司編製，應一面調查各國憲法成例，擬定草案，一面於各部院、各省所訂各項法制，悉心參考，漸謀統一方法。

> 統計一項，所以驗國計盈絀，國勢強弱，參互比較，以定施政之方。故宜內考全國之情勢，外覘世界之競爭，此後各部院、各省應就其所管制事，詳細列表按期諮送臣館，臣館總匯各表，即以推

﹝註15﹞ 國家圖書館藏歷史檔案文獻叢刊，《清憲政編查館奏稿匯定》，全國圖書館文獻縮微複製中心 2004 年版，頁 115～124。

知國家現勢之若何。考各國每年有統計年鑑之刊，彙集各項統計，俾人民可以一覽而知，庶政燦然，法良意美。臣館擬俟各種事項搜集完備，即行仿照辦理。〔註16〕

隨後，清廷發佈上諭頒佈該章程，章程中第一條、第十一條和第十三條就應歸憲政編查館辦理的憲政事務給出了明確的規定。

第一條，本館由軍機王大臣管理，設提調二員，綜理館中一切事宜。

第二條，本館執掌分列如左（下）：

一、議覆奉旨交議有關憲政摺件，及承擬軍機大臣交付調查各件；

二、調查各國憲法，編定憲法草案；

三、考核法律館所訂法典草案（法典指民法、商法、刑法、刑事訴訟法、民事訴訟法諸種而言），各部院、各省訂各項單行法（單行法指隸於一事之章程、不屬法典之各法而言），及行政法規（如改訂官制及任用章程之類）

四、調查各國統計，頒成格式，匯成全國統計表及各國比較統計表。

第十一條，本館有統一全國法制之責，除去法典草案應由法律館奏交本館考核外，如各部院、各省法制有應修改及增訂者，得隨時諮明該管衙門辦理，或會同起草，或由該管衙門起草，諮送本館考核，臨時酌定。所有統計事項，應由各部院、各省就其主管事務，派定專員按照本館頒定格式，詳細列表，隨時諮送本館，由本館匯齊詳覈，編列總表，以昭劃一。

第十三條，本館調查各件，關係重要，得隨時派員分赴各國各省實地考察，並得隨時諮商各國出使大臣及各省督撫代爲調查一切。〔註17〕

〔註16〕故宮博物院明清檔案部編，《清末籌備立憲檔案史料・上冊》，中華書局 1979 年版，頁 48。

〔註17〕故宮博物院明清檔案部編，《清末籌備立憲檔案史料・上冊》，中華書局 1979 年版，頁 49〜50。

2、《考核專科章程》

考核專科設立於光緒三十四年十二月十一日，根據《考核專科章程》第一條的規定：

> 於憲政編查館內設立專科，考核九年限內議院未開以前京外各衙門各項應行籌備事宜〔註18〕。

二、憲政編查館的職權

根據以上材料，憲政編查館的職權包括：

第一，考察憲政。繼續考察東西洋各國政治，主要是調查各國憲法。

第二，續訂官制。繼續編撰官制大臣的職責，續辦中央及地方官制改革中未盡事宜，統籌中央及地方有關裁汰、歸併、新設職官的一切事務。

第三，考核憲政。考核中央各部院及地方各省籌備憲政事宜，包括調查統計、地方自治、習慣調查等事宜在地方的推行。

第四，起草憲法。在考察憲政的基礎上，編纂大清帝國憲法草案。

第五，編製法規。考核修訂法律館所訂各項法典，改定中央各部院、地方各省所訂行政法規、單行法規及地方性法規。

以上所列權力中，第一項，憲政編查館仍然延續著其前身考察政治館編譯研究政治的角色，不過主要集中在憲政制度的考察；第二項和第三項，憲政編查館則行使的是統率憲政考核監督的行政權；最後兩項，憲政編查館行使的是議會未開以前的立法權。可見，憲政編查館作為「憲政之樞紐」，是清末籌備立憲時期的權力匯總機構，執掌立憲範圍內行政、立法大權。

第三節　憲政編查館的組織機構及人員構成

清末仿行立憲以釐定官制為先，釐定官制的目的是要將中央各部院及地方各督撫「明定責成、分權定限」，以避免人浮於事、尸位素餐或爭權越權。有什麼樣的職權就設什麼樣的機構，各個機構之間互相協調合作，這是憲政制度的基本要求。憲政編查館作為清末憲政改革的樞紐，是清末法制改革中新設的機構，在機構設置和人員配備上自然要符合這一個要求。如前所述，憲政編查館在設置上是考察政治館的延續，沿用了考察政治館

〔註18〕故宮博物院明清檔案部編，《清末籌備立憲檔案史料・上冊》，中華書局 1979 年版，頁 70。

的編制和職員。但是，憲政編查館並不是考察政治館的簡單重複。隨著籌備立憲事宜的不斷深入，該館的職權也隨之不斷的擴展，其組織機構也在不斷擴充和完善。

一、憲政編查館的主體機構

根據憲政編查館王大臣奕劻擬呈憲政編查館辦事章程摺：「查日本明治初年曾設立憲法取調局，其現在內閣則附設法制、統計等局。臣館既兼有日本新舊辦法，自不得不明定執掌，以專責成，臣等公同商酌，擬參用設局分科之法，謹遵諭旨所指編製法規、統計政要事項，於臣館分設編製、統計兩局，各派局長及科員等分理其事，而以提調總司其成。〔註19〕」可見，憲政編查館在機構設置上是取法日本明治維新之時的憲法取調局並加以改進，其主體機構採取「設局分科」之法設立。另外，根據《憲政編查館辦事章程》，憲政編查館由軍機處王大臣管理，各軍機大臣均充任憲政編查館館務大臣，其下設提調兩員，總理館中一切事宜，設總核二員，稽核各項奏咨文牘及官報事件。

憲政編查館的主體機構包括以下幾個層次：

第一，憲政編查館王大臣。憲政編查館王大臣為慶親王奕劻。奕劻本為督辦政務處王大臣，後來在督辦政務處下設立考察政治館，奕劻任考察政治館管領王大臣。督辦政務處於光緒三十二年改為會議政務處，考察政治館於光緒三十三年改為憲政編查館，奕劻即任憲政編查館王大臣總領該館事務，為憲政編查館的首腦。

第二，憲政編查館管理事務大臣。憲政編查館管理事務大臣由所有軍機大臣充任，其名額與人員沒有定制，隨軍機大臣的變動而變動。憲政編查館一切事宜及奏稿都需有軍機大臣的副署。

第三，提調。憲政編查館提調初設時為兩員，以原屬考察政治館提調直接充任。隨著職權的擴展及館務的增多，提調也在擴充，最多時共四員。提調綜理館中一切事務。

第四，總核。總核初設兩員，後來也因為職權的擴展與事務的增多而增加，其主要負責稽核各項奏咨文牘及官報事件。

〔註19〕故宮博物院明清檔案部編，《清末籌備立憲檔案史料》，中華書局1979年版，頁48。

第五，各科局。以分局設科之法，負責憲政編查館的具體事務。各局設局長總理該局事務，每一局分科設科員分管該科事務。各局向憲政編查館提調負責，提調向軍機處王大臣負責，王大臣直接向皇帝負責。

其中，憲政編查館王大臣和管理事務大臣，是憲政編查館的決策層和管理層。一切館內事務由提調和館員負責辦理，但最終都必須交由親王大臣和軍機大臣抉擇。王大臣和軍機大臣是憲政編查館的官方代表，代表憲政編查館向皇帝上摺奏事。

各科局設立的具體情況如下：

編製局

共分三科，一科掌屬於憲法之事；二科掌屬於法典之事；三科掌屬於各項單行法及行政法規之事。

統計局

共分三科，一科掌屬於外交、民政、財政之事；二科掌屬於教育、軍事、司法之事；三科掌屬於實業、交通、藩務之事。

庶務處

專司收發文書、款項出入及各項雜務，設總辦一人。

官報局

掌出版、印刷政治官報，以使紳民明悉國政。

譯書處

負責各國書籍為調查局必須者，精選譯才陸續翻譯。

圖書處

負責收儲中外圖籍，設收掌二員專司其事〔註20〕。

以上是光緒三十三年設立憲政編查館頒行該館辦事章程時，該館所設立的主要編制。

至光緒三十四年，清廷發布由憲政編查館擬定的議院未開以前九年籌備立憲事宜，將有關立憲事宜按性質門類分配中央各部院及地方行省依限次第施行。為確保各項事宜按期切實籌辦，在憲政編查館內設立考核專科，「以期提綱挈領，隨時考察，按期督催」，使籌備立憲事宜能夠「日起有功，不致因

〔註20〕故宮博物院明清檔案部編，《清末籌備立憲檔案史料・上冊》，中華書局1979年版，頁48。

循貽誤」。考核專科內並未再分科，只設總辦一人，上承憲政編查館提調，管理本科事務；幫辦二人，偕同總辦，管理本科事務，正科員二人，副科員八人，分司本科各事務。除考核專科總辦幫辦外，編製局、統計局局長均兼任考核專科會辦差使。考核專科負責考核九年內議院未開以前京外各衙門應行儲備事宜。自發布九年籌備立憲上諭之後，以六個月爲期分期考核。〔註21〕至此，憲政編查館的主體機構均按其職權得以設立。〔註22〕

　　可見，憲政編查館主體機構分管理層和具體辦理事務層。管理層以王大臣和軍機大臣充任。辦理事務層由提調負責具體事務的管理，總核負責稽核，其下分局社科，有編製局、統計局、官報局、考核專科、譯書處、圖書處、庶務處。其中編製局、統計局和考核專科是職權機關，分別行使該館章程所執掌的職權；官報局、譯書處、圖書處和庶務處則是輔助機關。

二、憲政編查館的任職人員

　　憲政編查館爲考察政治館改制而來，考察政治館原提調及館員均繼續任職憲政編查館，憲政編查館提調寶熙和劉若曾就是原考察政治館提調。考察政治館以研究編譯爲主，而憲政編查館則是籌備立憲的執行機構，因此，原屬考察政治館人員不論從人數還是從能力，都不能滿足憲政編查館職能的需要。於是，憲政編查館王大臣奏請「廣選通才充當其事」，憲政編查館設立後，即在中央各部院中遴選「通才」爲辦事人員。

　　作爲統率清末立憲的樞紐機構，憲政編查館人員的選擇必須符合慈禧太后立憲的基本原則。按照慈禧太后發布仿行立憲的上諭，要使「大權統於朝廷，庶政公諸輿論」，而且要保障「君主大權不受侵犯」。所以，憲政編查館辦事人員不僅要有熟悉西方法政的新式留洋人才，而且要有傳統教育出身的科舉士子。這樣才可以做到既「仿行立憲」，又「鞏固皇權」。

〔註21〕考核專科的設立雖然是臨事議制，但是其所掌職權也並非沒有來由，在光緒三十三年七月十六日慶親王奕劻奏請的《憲政編查館辦事章程》中，曾就初步提到憲政編查館的考核職權，即奏摺中所謂「本館有統一全國法制之責，除法典草案應由法律館奏交本館考核外，如各部院、各省法制有應修改及增訂者，得隨時諮明該管衙門辦理，或會同起草，或由該館衙門起草，諮送本館考核，臨時酌定。所有統計事項，應由各部院、各省就其主管事務，派定專員按照本館頒定格式，詳細列表，隨時諮奏本館，由本館匯齊詳覈，編列總表，以昭劃一。」

〔註22〕憲政編查館組織機構圖（包含主體機構和合作機構），見附錄1。

　　根據《憲政編查館章程》及《考核專科章程》，憲政編查館由軍機處王大臣督飭，各軍機大臣均兼任憲政編查館管理事務大臣，並設提調綜理館中一切事務，提調下設總核、參議、編製局、統計局、官報局、庶務處、譯書處、圖書處以及考核專科，各局科有局長或總辦，下設各科有科長科員。現在以這些人員的到館年齡、教育背景和任職履歷為主要數據，製表如下：

憲政編查館任職人員表〔註23〕

職務	姓名	入館時所任職位	籍貫	到館年齡	傳統功名	現代教育經歷或相關背景	其他時期重要任職
總領憲政館王大臣	奕劻	慶親王軍機大臣	滿清皇族乾隆曾孫隸鑲藍旗	70	蒙古進士		總領政務處王大臣編纂官制總司大臣；宣統三年內閣總理大臣
管理憲政館事務大臣	世續	軍機大臣協辦大學士	滿洲正黃旗	49	光緒元年舉人		編纂官制大臣宣統三年資政院總裁
	鹿傳霖	軍機大臣協辦大學士	直隸定興	71	同治元年進士選庶吉士		兩廣總督
	袁世凱	軍機大臣外務部尚書	河南項城	48	附貢生		直隸總督，辦練新軍
	張之洞	軍機大臣體仁閣大學士	直隸南皮	70	同治二年探花		湖廣總督
	載灃	軍機大臣	皇族醇親王隸鑲白	26			宣統朝攝政王
	那桐	軍機大臣外務部尚書	滿州鑲黃旗	53	舉人		奕劻閣協理大臣
	戴鴻慈	軍機大臣法部尚書	廣東南海	58	光緒二年進士選庶吉士	出洋考察政治	編纂官制大臣
	吳郁生	軍機大臣上學習	江蘇元和	46	光緒三年進士選庶吉士		署郵傳部尚書

〔註23〕此表參考劉汝錫《憲政編查館研究》，臺灣師範大學碩士論文；彭劍《清季憲政編查館研究》，北京大學出版社2011年版；程燎原《清末法政人的世界》，法律出版社2003年版。此表僅收錄憲政編查館正式館員，包括從總領王大臣到各科科員等館內工作人員。除工作館員外，憲政編查館還聘有一等諮議官二等諮議官若干，因諮議官並非工作人員，不算作正式館員，不在此表中體現。

職務	姓名	入館時所任職位	籍貫	到館年齡	傳統功名	現代教育經歷或相關背景	其他時期重要任職
	毓朗	軍機大臣民政部侍郎	皇族貝勒隸正藍旗	44		赴日習警政〔註24〕	
	徐世昌	軍機大臣東三省總督	直隸天津	51	光緒十二年進士選庶吉士	考察政治大臣（未出行）	巡警部尚書
提調	寶熙	內閣學士學部左侍郎	滿州正藍旗	42	光緒十八年進士選庶吉士		原考察政治館提調
	劉若曾	大理院少卿	直隸鹽山	46	光緒十五年進士選庶吉士	隨同出洋考察政治	原考察政治館提調
	達壽	學部左侍郎	滿洲正紅旗	38	光緒二十年進士選庶吉士	赴日考察憲政	
	李家駒	內閣學士學部右侍郎	漢軍正黃旗	40	光緒二十年進士選庶吉士	駐日大使	考察日本憲政大臣資政院總裁
總核	王慶平	軍機處章京	江蘇上海		光緒十六年進士選庶吉士	赴日考察憲政	山西布政使
	曹廣幀	軍機處章京	湖南長沙	50	光緒十八年進士選庶吉士		吉林提學使
	易貞	軍機處章京	河南商城		光緒十五年進士		典禮院學士
	劉穀孫	軍機處章京	安徽廬江		光緒三十年進士		甘肅提法使
	楊壽樞	軍機處章京	江蘇無錫	47	舉人		奕劻內閣制誥局長
參事	楊度	候補四品京堂	湖南湘潭	33	光緒十九年舉人（參與公車上書）	經濟特科進士，日本法政大學速成科	宣統三年奕劻內閣統計局長；袁世凱內閣學部大臣；袁世凱洪憲帝制籌安會六君子

〔註24〕親貴皇族出洋學習現代警政，是基於光緒二十七年十二月二十三日上諭。其上諭曰：現在振興庶政，尤應博採所長。出洋遊歷人員若能於各國政治、工藝潛心考究，切實講求，庶幾蔚爲通才，足備國家任使。進來各省士子，留心時務，多赴各國學堂肄業。惟宗室八旗風氣未開，亟宜廣爲造就。著宗人府八旗都統，遴擇各旗子弟年在十五歲以上、二十五歲以下，志趣正大、資質聰明、體氣強壯者，造冊開送軍機處呈進聽候，派員覆核挑選，給資遣赴各國遊學。藉資歷練而廣見聞，用副朝廷圖治育才之至意。欽此。見上海商務印書館編譯編，《大清新法令》，商務印書館 2011 年版，頁 13。

職務		姓名	入館時所任職位	籍貫	到館年齡	傳統功名	現代教育經歷或相關背景	其他時期重要任職
		勞乃宣	候補四品京堂	浙江桐鄉	66	同治十年進士		宣統二年任江寧提學使〔註25〕
編製局	局長	吳廷燮	民政部右參議	江蘇上元	44	舉人		
	副局長	章宗祥	農工商部主事	浙江吳興	29	廩貢生	日本東京帝國大學法科學士，隨同出洋考察政治	奕劻授法制院副使
		陸宗輿	內閣中書	浙江海寧	36	拔貢	早稻田大學政科，賜舉人出身〔註26〕	取代章宗祥爲副局長，奕劻印鑄局副局長

〔註25〕 提學使爲清末地方官制改革新設的官制，其所掌職權大概與地方官制改革之前之各省學政相同。學政，原是督察各府、廳、州、縣儒學事務的，其長官叫「提督學政」，簡稱「學政」。學政每省設一人，職權略低於巡撫，一般在布政使、按察使之前，爲管理一省教育事業的最高長官，以進士出身的侍郎、京堂翰林、可到及部署等官間充，三年一任，各按原官品級。故此可知，學政有統一的出身，沒有統一的品級。光緒三十一年八月，清廷發布上諭停止科舉，著各省督撫廣設學堂，是爲新式教育開始。第二年四月初二日即發布上諭，將舊有科舉制度下之各省學政，一律裁撤，改設直省提學使司，統轄全省學務，專辦學堂，諸各省教育行政、新式學堂學校規程、徵考文藝師範諸事，一律歸提學使轄制。由此，成爲全國管理新式人才的主要機構。參見上海商務印書館編譯所編，《大清新法令·第一卷》，商務印書館2011年版；張德澤著，《清代國家機關考略》，中國人民大學出版社，1981年版。

〔註26〕 所謂賜出身，是廢除科舉考試以後，光緒二十七年八月初四日發布的關於錄用出洋留學回華畢業生上諭而來，該上諭曰：造就人才，實爲當務之急。前據江南、湖北、四川等省選派學生出洋遊學，用意甚善。著各省督撫一律仿照辦理，務擇心術端正、文理明通之士，前往學習，於一切專門藝學認眞肄業，實例講求，學成領有憑照回華，即由該督撫、學政按其所學，分門考驗。如實與憑照相符，即行出具切實考語，諮送外務部復加考驗，擇優奏請獎勵，其遊學經費，著各省妥籌發給，准其作正開銷。如有自備資斧出洋遊學者，著由該省督撫諮明，該出使大臣隨時照料。如果學成得有優等憑照回華，准照派出洋學生一體考驗獎勵，均候旨分別賞給進士、舉人各項出身，以備任用，而資鼓勵。見《大清新法令》，商務印書館編纂，商務印書館2011年版，頁10。據此，東西洋留學人員可以獲得近似於參加傳統科舉考試的出身，實現學而優則仕。根據這一上諭，湖廣總督張之洞制定了《鼓勵畢業生章程》，章程中規定在日本文部省之下高等學堂三年畢業得有優等文憑者，給以舉人出身，分別錄用；在大學堂專學某一科或數科，畢業得有選科或變通選科文憑者，給以進士出身，分別錄用；在日本國家大學堂暨程度相當之官設學堂，三年畢業得有學士文憑者，給以翰林出身；在日本國家大學院五年畢業，得有博士文憑者，除給翰林出身外，並予以翰林升階。後來爲規範出

職務	姓名	入館時所任職位	籍貫	到館年齡	傳統功名	現代教育經歷或相關背景	其他時期重要任職
正科員	汪榮寶	民政部左參議	江蘇元和	32	拔貢	早稻田大學肄業	
	曹汝霖	外務部右參議	江蘇上海	32		東京法學院政法自費生，賜進士出身	後遷外務部右侍郎
	恩華	學部郎中	蒙古鑲紅旗	28		日本法政大學畢業，賜進士出身	奕劻內閣弼德院參議
	金邦平	翰林院檢討	安徽黟縣	31		早稻田大學畢業，賜進士出身	資政院秘書長
	唐寶鍔	翰林院檢討	廣東香山	34		早稻田大學政法科，賜進士出身	隨同出洋考察政治〔註27〕

洋遊學畢業生的錄用，學部份別於光緒三十二年和宣統元年制定了前後相繼的《考試遊學畢業生章程》，以專門對留學東西洋的歸華學生進行考試，依次錄用。該章程規定了出洋遊學畢業生參加錄用考試的資格為：「必以在外國大學堂、高等專門學堂畢業者為限」，包括(1)由中學堂畢業得有獎勵後出國，在外國高等以上學堂肄業三年以上者；(2)未由中學堂畢業出國，在外國普通學堂預備一年以上，並在外國高等以上學堂肄業三年以上者；(3)在外國大學堂及各種高等專門學堂畢業者。所習學科不及四分之三和只有中等程度，或專為中國學生特設班次學堂畢業者（如速成科），不得與考。凡考80分以上者為最優等，准給進士出身；70分以上者為優等，60分以上者為中等，准給舉人出身。正式憑藉這些制度，清末的法政人才得以大規模登上晚清的政治法律舞臺，成為晚清法制改革和憲政改革的中堅力量。對此，程燎原先生在《清末法政人的世界》中對法政科畢業生的錄用與授職進行了專門的研究，他認為在19世紀70年代，留學東西洋學習法政已經成為大批青年才俊的潮流選擇。尤其是1905年廢除科舉之後，斬斷了傳統入仕之途，隨後，法政科留學生回國後，在晚清的政治、法律、外交、行政乃至法政教育的各個領域嶄露頭角。他們恰好際遇於法政人才極為緊缺的政治法律場域，也受到制度性通道的收羅與獎勵。這一制度性通道就是給予留洋歸國人員出身獎勵和考試授官。參見程燎原著，《清末法政人的世界》，法律出版社2003年版。在這裡，陸宗輿回國後被賜予舉人出身，並授內閣中書事。以下凡為賜出身者，皆為此例。

〔註27〕唐寶鍔與錢承鋕均為考察政治參隨，跟隨載澤等考察日本等國政治。在考察日本期間，唐寶鍔為考察政治大臣載澤等全程翻譯，錢承鋕則為主要記錄人，其中最主要為翻譯並記錄日本法學博士穗積八束講日本憲法，大藏省主計局長荒井賀太郎將大藏省預算表及財政。另，伊藤博文給考察政治團講日本憲法時，因以英文演講，故翻譯人不是唐寶鍔，而是柏銳，記錄人則依然是錢承鋕。參見載澤著，《考察政治日記》，鍾叔河主編，《走向世界叢書》系列，嶽麓書社1986年版。

職務		姓名	入館時所任職位	籍貫	到館年齡	傳統功名	現代教育經歷或相關背景	其他時期重要任職
副科員		胡大勳	翰林院編修	湖北江夏	不詳	進士		
		朱國楨	翰林院庶吉士	湖北大治	不詳	進士		
		董康	法部郎中	江蘇武進	39	進士		修訂法律館大臣
		胡礽泰	民政部員外郎	江蘇寶山	31	文童	南洋公學 遊學日本	
		陳曾壽	法部主事	湖北蘄水	30	進士		
		嵇鏡	直隸候補知縣	江蘇無錫	30		早稻田大學政治科賜舉人出身	
		富士英	直隸候補知縣	浙江海鹽	31		早稻田大學政治科賜舉人出身	
		章宗元	不詳	浙江吳興	31		加利福尼亞大學理財課，賜進士出身	章宗祥之兄
		程明超	不詳	湖北黃岡	28		京都大學法政科賜進士出身	
		施本	不詳	湖北荊州	26		日本中央大學法律科 賜舉人出身	
		顏志慶	不詳	江蘇上海	37		哥倫比亞大學法律科 賜舉人出身	
		高種	法部主事	福建閩侯	25		日本中央大學法政科 賜舉人出身	
		張孝移	不詳	湖北武昌	28		日本法政大學	京師法政學堂教習
		熊垓	大理院奏調	江西高安	25		日本東京法學院	
		嚴錦榮	不詳	廣東順德			美國法政大學	
		廉隅	不詳	江蘇無錫	21		日本中央大學暨京都大學法科 賜進士出身	
		劉福姚	翰林院修撰	廣西臨桂	46	光緒十八年狀元		
		馬德潤	不詳	湖北襄陽	27		德國柏林大學法科博士 賜舉人出身	
		李景鉌	內閣候補侍讀	福建閩侯	23	舉人	隨同李家駒考察日本憲政	
		顧德鄰	不詳	順天宛平	26		日本法政大學	

職務		姓名	入館時所任職位	籍貫	到館年齡	傳統功名	現代教育經歷或相關背景	其他時期重要任職
		陳籙	不詳	福建閩侯	34		巴黎大學法科學士	考察憲政大臣隨員
		許同莘	不詳	江蘇金匱	31		日本法政大學速成科　賜舉人出身	
		汪曾武	不詳	江蘇鎮洋	45	舉人		
		施愚	翰林院編修	四川涪陵	35		留學日德6年	考察憲政顧問
		蕭鶴祥	候選知府	湖南衡陽	不詳	不詳		
統計局	局長	沈林一	二品頂戴山西補用道	江蘇無錫	41	進士		
	副局長	錢承鋕	農工商部員外郎	浙江杭縣	29		東京帝國大學法科賜進士出身	隨同考察政治
	正科員	延鴻	民政部右丞	滿洲鑲紅旗	28		日本弘文學院習警務	
		林棨	學部參事	福建閩侯	27		日本早稻田大學法科賜舉人出身	
		陳毅	不詳	湖北黃陂	39		經濟特科	曾任學部參事
	副科員	文斌	翰林院侍講	滿洲正藍旗	33	進士		
		吳振麟	農工商部主事	浙江嘉興	26		東京帝國大學	考察憲政隨員
		盧靜遠	不詳	湖北竹溪	34	舉人		陸軍部軍諮處第一司司長
		夏道炳	內閣中書	湖北江夏		舉人		
		劉澤熙	度支部奏調候選主事	湖南善化	37		日本法政大學	
		顧鼇	民政部六品警官	四川廣安	38		日本法政大學賜舉人出身	
		王建祖	不詳	廣東番禺	27		加州大學伯克利法政科賜進士出身	
		嵇芩孫	不詳	江蘇常熟	24		加利福尼亞大學及斯坦福大學理財課，賜商科進士出身〔註28〕	

〔註28〕根據前引《考試有學生畢業章程》，留學東西洋學生回華後參加政府的從學考試與入官考試。考試通過這給予進士、舉人出身，所給出身前加某學科字樣，即習文科者准稱文科進士、文科舉人；習法科者准稱法科進士、法科舉人；

職務		姓名	入館時所任職位	籍貫	到館年齡	傳統功名	現代教育經歷或相關背景	其他時期重要任職
		陸夢熊	郵傳部路政司行走	江蘇崇明	26		早稻田大學商科學士，賜商科舉人出身	
		張鴻藻	不詳	湖北咸寧	31		日本高等商業學校，賜商科舉人出身	
		錢應清	不詳	江蘇崇明	31		早稻田大學法政科賜舉人出身	
		林蔚章	不詳	福建閩侯	23		日本中央大學法政科，賜舉人出身	
		伍銓萃	翰林院編修	廣東新會	不詳	光緒十八年進士		
		林世燾	翰林院編修	廣西賀縣	41	進士		
		邵福瀛	農工商部右參議	江蘇常熟	28	舉人		
		呂鑄	民政部員外郎	雲南祥雲	不詳	不詳		
		李祖虞	度支部小京官	江蘇武進	24		早稻田大學（專業不詳）	
		張文濬	郵傳部候補簽事	河南濟源	不詳	不詳		
		張則川	禮部候補主事	湖北黃陂	不詳		日本法政大學速成科	
官報局	局長	華世奎	軍機處三品章京	直隸天津	44	進士		
	編務	秦敦世	吏部候補郎中	江蘇無錫	48	舉人		
		傅範初	候選知府	浙江德清	41		同文館	印刷科科長
譯書處	總纂	嚴璩	不詳	福建侯官	37		北洋水師學堂卒業，英國倫敦大學	
考核專科〔註29〕	總辦	勞乃宣	江寧提學使	浙江桐鄉	67	同治十年進士		本館參議

醫科、理科、工科、商科、農科亦如是。參見程燎原著，《清末法政人的世界》，法律出版社 2003 年版，頁 134。

〔註29〕考核專科是憲政編查館最後設立的職權機關，設立的初衷在於考察推行憲政事宜。其設置依據來源於光緒三十三年七月十六日軍機王大臣奕劻奏請設立憲政編查館辦事章程第十一條中所稱考核權：「本館有統一全國法制之責，除草案應由法律館奏交本館考核外，如各部院、各省法制有應改及增訂者，得隨時諮明該館衙門辦理，或會同起草，或由該館衙門起草，諮送本館考核，臨時酌定。」但是由於並未設立專門的考核機構和人員，而且預備立憲事宜

職務		姓名	入館時所任職位	籍貫	到館年齡	傳統功名	現代教育經歷或相關背景	其他時期重要任職
	會辦	楊度		湖南湘潭	34	舉人	日本法政大學	本館參議
		吳廷燮	民政部右參議	江蘇上元	46	舉人		本館編製局局長
		章宗祥	農工商部主事	浙江吳興	31	廩貢生	日本東京帝國大學法科學士	本館編製局副局長奕閣授法制院副使
		沈林一	二品頂戴山西補用道	江蘇無錫	43	進士		本館統計局局長
		錢承鋕	農工商部員外郎	浙江杭縣	31		東京帝國大學法科賜進士出身	隨同考察政治
		趙炳麟	京畿道監察御史	廣西全州	34	光緒二十一年進士選庶吉士		
	幫辦	汪榮寶	民政部左參議	江蘇元和	34	日本早稻田大學		資政院各部院衙門官議員
		恩華	學部郎中	蒙古鑲紅旗	28		日本法政大學畢業，賜進士出身	後授奕閣彌德院參議
		黃瑞麒	不詳	湖南善化	27	光緒三十年進士		總務處科員
	正科員	盧靜遠	陸軍部軍諮處第一司司長	湖北竹溪	34	舉人		
		林炳章	翰林院編修	福建侯官	34	光緒二十年進士選庶吉士		
	副科員	胡礽泰	民政部員外郎	江蘇寶山	31	文童	南洋公學遊學日本	本館編製局副科員
		顧鼇	民政部六品警官	四川廣安	38		日本法政大學賜舉人出身	本館統計局副科員
		傅岳棻	山西大學堂教務長	湖北江夏	35	舉人		本館總務處科員
		張志潛	不詳	直隸豐潤	不詳	舉人		

尚未完全展開，故而考核職權尚未轉化為現實。後來，直到光緒三十四年八月初一日，憲政編查館奏請《欽定憲法大綱》和《逐年籌備立憲事宜》，以九年為期實行立憲，並繕具逐年應行完成事宜。至此憲政編查館的考核職權才落到實處，故此，設立考核專科，成為憲政編查館最為主要的一個機構。考核專科的人員並非完全是專職，其中很大一部份為憲政編查館其他科室的館員兼任考核事務。考核專科內部觀念的爭鬥，尤其是兩任總辦勞乃宣和楊度之間家族主義和國家主義的爭鬥，甚至影響了整個晚清的立憲和變法事宜。參見《清末籌備立憲檔案史料》故宮博物院明清檔案部編，中華書局1979年版；李貴連，《中國法律思想史》，北京大學出版社，2005年版。

職務		姓名	入館時所任職位	籍貫	到館年齡	傳統功名	現代教育經歷或相關背景	其他時期重要任職
		王履康	山東道監察御史	江蘇句容	31		日本早稻田大學畢業	光緒 年掌山東道監察御史，宣統三年授安徽巡警道
		夏啓瑜	翰林院編修	浙江鄞縣	43	光緒二十年進士選庶吉士		光緒二十三年任甘肅學政
總務處	總辦	左孝同	不詳	湖南湘陰	50	舉人		左宗棠子，宣統三年江蘇按察使，並署江蘇布政使
		連甲	不詳	滿洲鑲白旗	不詳	光緒十八年進士選庶吉士		光緒二十八年安徽布政使；宣統三年湖北布政使
	幫總辦	汪詒書	不詳	湖南善化	44	光緒十八年進士		光緒十八年選庶吉士，宣統二年山西提學使
		文斌	翰林院侍講	滿洲正藍旗	33	進士		
	科員	蔭桓	不詳	滿洲鑲白旗		不詳		
		黃瑞麒	安徽道監察御史	湖南善化	27	光緒三十年進士		
		楊雄祥		湖北江夏	25	進士		山西大學堂監督
		于寶軒	不詳	江蘇江都	28	不詳		
		張志潛	不詳	直隸豐潤	不詳	舉人		
		傅岳棻	山西大學堂教務長	湖北武昌	29	舉人		
		繼宗	不詳	滿洲鑲藍旗	不詳	不詳		
		殷濟	不詳	江蘇甘泉	不詳	不詳		
		許寶蘅	不詳	江蘇元和	32	不詳		

上表所列爲憲政編查館主要機構擔任具體工作的館務人員，共 122 人，除了重複任職的以外，共 107 人，其中漢族占 92 人，滿漢八旗出身爲 15 人。這些人員中，剔除年齡和教育背景等信息不清楚的以外，具有新式教育背景（包括在東西洋國家接受過正規現代教育的學子和前往東西洋考察政治接觸西方政治法律文化的傳統士人）的爲 53 人，純粹傳統科舉教育出身（幾乎都獲得了傳統功名）的爲 47 人，所有館務人員年齡集中在 20 到 40 歲之間，共 65 人，40 歲至 50 歲的共 18 人，50 歲以上的 7 人。在館中擔任領導職務的館

務大臣、提調、總核、總辦、各局局長副局長的人中，受過新式教育的有 15
人，其中參事及考核專科會辦楊度，編製局章宗祥、陸宗輿，統計局錢承鋕，
考核專科幫辦汪榮寶等都是清末民初法政界精英人士。從這些館務人員的信
息，可以看出，清廷在仿行立憲籌備憲政中，對籌辦憲政人才的選拔和任用
都是非常慎重的。這些人是憲政編查館工作得以實施的基本保證，也是清末
立憲工作得以推進的基本保證之一。在他們的組織和協調下，憲政編查館在
籌備立憲過程中，既可以使「大權統於朝廷」，又可以在編製法規和統計政要
等憲政事宜中取得非常不錯的實績。

第四節　憲政編查館的地位

　　通過前文的敘述，對於憲政編查館設置、機構、人員和職權我們都有了
基本的瞭解，現在我們就來討論憲政編查館在清末法制改革中的地位。憲政
編查館的設立、其職權的變更、以及最後裁撤歸併於新內閣法制院，都與清
末的官制改革有著緊密的聯繫，清末的官制改革是清末仿行立憲的第一步，
它重新調整了清末中央與地方的行政機構及各機構之間的關係。那麼，要研
究憲政編查館在清末法制改革中的地位，就必須從官制改革入手。

一、官制改革的提出

　　清末的官制改革正式的提出〔註30〕於是光緒三十二年。官制改革是兩種
原因共同作用的結果。第一個原因是現代的。基於考察政治大臣以官制改革
為立憲預備的諫言；第二個原因則基於傳統。清吏治始終是傳統中國改良政
治的首要選擇。

（一）考察政治大臣諫言以官制改革為立憲預備

　　按照考察政治大臣載澤、戴鴻慈等人在考察東西洋各國政治之後的諫
言，清朝末年「國勢不振，實由於上下相睽，內外隔膜，官不知所以保民，

〔註30〕晚清時期清朝的中央和地方官制早就已經從鴉片戰爭開始發生率局部的變
　　　　化，例如總理衙門的設立，再到後來中央部院組織發生的變化，包括將總理
　　　　衙門改為外務部，以及巡警部、學部、商部的設立等。而這裡筆者之所以稱
　　　　為正式的提出，是指清廷官方與光緒三十二年正式通過發布上諭的形式，以
　　　　官制改革的目的，設立編纂官制大臣，正式進行整體的官制改革，對清朝中
　　　　央官制和地方官制釐定權限，統一形式。

民不知所以衛國。而各國之所以富強者，實由於實行憲法，取決公論，軍民一體，呼吸相通，博採眾長，明定權限，以及籌備財用，經畫政務，無不公之於黎庶。又兼各國相師，變通盡利，政通民和有由來矣。」故此，載澤建議清政府要「仿行憲政」，使「大權統於朝廷，庶政公諸輿論」，而「廓清積弊，明定責成，必從官制入手」。〔註31〕在考察政治大臣、皇室宗親、鎮國公載澤看來，立憲是清廷必須做出的政治選擇。但是怎樣推行立憲？如何才可以使得上述十七項大權盡歸君主，保障滿洲皇權永固？怎樣才可以既得立憲之名，又不失君主大權？為此，考察政治大臣戴鴻慈以日本明治維新為例向慈禧太后和光緒帝做了詳細的解釋和規劃。

戴鴻慈於光緒三十二年七月考察回國後，上摺指出立憲為清王朝擺脫現狀尋求富強的必由之路，「歷查各國政治，以為中國非急採立憲制度，不足以圖強」，但是「現在如遽行立憲制度，亦不足以舉實」。立憲是一個目標，達到這個目標還需要走一個過程，「臣等竊觀日本之實施憲法在明治二十三年，而先於明治七年、明治十八年兩次大改官制，論者謂其憲法之推行有效，實由官制之預備得宜。〔註32〕」在陳述上述理由之後，已升任為禮部尚書和閩浙總督的原考察政治大臣戴鴻慈和端方〔註33〕聯名上書，懇請設立編製局改定全國官制，於是清廷即於光緒三十二年七月十四日發布上諭改革官制。

（二）傳統中國改革的基本路徑

官制改革之所以能夠作為憲政之預備順利推行，其原因不僅是因為考察政治大臣向慈禧太后和光緒皇帝所陳述的日本明治維新的先例，而且是由於

〔註31〕 故宮博物院明清檔案部編，《清末籌備立憲檔案史料·上冊》，中華書局 1979年版，頁 44～45。

〔註32〕 故宮博物院明清檔案部編，《清末籌備立憲檔案史料·上冊》，中華書局 1979年版，頁 367。

〔註33〕 出洋考察政治大臣在考察政治歸國之後，均得到了大的擢升。其中載澤原本係貝子銜封鎮國公，考察回國後任編纂官制大臣；端方原為湖南巡撫，考察期間授任閩浙總督；戴鴻慈原為戶部右侍郎，考察回國後授任禮部尚書；因吳樾行刺考察政治大臣事件，原派考察政治大臣徐世昌和紹英被李盛鐸和尚其亨代替。徐世昌雖未果行，但也由署兵部左侍郎遷任巡警部尚書；紹英亦不果行，但也由商部右丞先遷左丞，後再遷任度支部左侍郎；李盛鐸以順天府丞出洋考察，回國後遷任山西布政使並署山西巡撫。考察大員中唯獨山東布政使尚其亨缺乏遷升記錄。參見載澤《考察政治日記》，嶽麓書社 1986年版；錢實甫《清代職官年表》，中華書局 1980年版；錢實甫，《清季新設職官年表》，中華書局 1961年版。

改革官制從本身上來講，基本符合「清吏治、省刑獄、薄稅斂」，這一中國歷史上一切改革的基本路徑。早在派員考察政治以及宣示仿行立憲之前，清政府最重要的兩位封疆大吏兩江總督劉坤一和兩湖總督張之洞就三次聯名上書，請求改革政治。在第二次上書中，兩位大員指出：「治國如治疾，然陰陽之能為患者，內有所不足也。七情不節，然後六氣感之，此因內政不修，而致外患之說也。療創傷者，必先調其服食，安其臟腑，行其氣血，去其腐敗，然後施以藥物針石而有功，此欲行新法必先除舊弊之說也。」就此指出，清政府面臨的問題其本質上是內部的問題，其貧弱顛危源於「政治不修」。故此，他們在此摺中提出「欲行新發，先除舊弊，欲行新政，先整頓中法。提出整頓中法的十二條改革措施。一曰崇節儉，二曰破常格，三曰停捐納，四曰課官重祿，五曰去書吏，六曰去差役，七曰恤刑獄，八曰改選法，九曰籌八旗生計，十曰裁屯衛，十一曰裁律營，十二曰簡文法。」〔註 34〕很顯然，劉坤一和張之洞的「整頓中法十二條」基本都是以肅清官場為主要內容，可以說是延續了傳統中國政治改革的基本路徑。後來，當清政府正式提出改革政治預備立憲，指出「立憲之道，全在上下同心，內外一氣，去私秉公，共圖治理。自今以後，應如何切實預備，乃不徒託空言，宜如何逐漸施行，乃能確有成效，亟宜博訪周諮，集思廣益，凡有實知所以預備之方施行之序者，准各條舉以聞」，其他傳統士紳提出的策略也幾乎都是修內政，清吏治的方法〔註35〕。於是清末的官制改革就在新思潮與舊路徑的結合下展開了。

二、官制改革的實行

（一）大權統於朝廷──官制改革的第一原則

進行官制改革的主要目的是為立憲做預備。清廷在預備立憲現行釐定官

〔註34〕懷效鋒編，《清末法制變革史料》，中國政法大學出版社 2010 年版，頁 12。
〔註35〕例如以諫言為責的江西道御史劉汝驥就於光緒三十一年上摺指出「君子謀國也，必先究其受病之根源，以為下藥之次序」，而他認為大清朝的問題就是「官驕吏窳，兵疲民困」。福建道御史趙炳麟則於光緒三十二年發布立憲諭旨之後，上摺指出清政府當時最大的問題在於「郡縣貪暴，民受其虐」，進而指出欲為立憲之基礎，首當預備的是「正綱紀、重法令、養廉恥、抑倖進、懲貪墨、設鄉職」六項策略。山東道御史徐定超也上摺指出清政府的問題在於「法積久而大弊」，並提出「通賢路、遣冗員、均廉俸、專責成、理財政、選新進、省具文事、禁鴉片、定教律、設相關」十條以人事和行政為主的「化舊為新，祛除積弊」的措施。

制上諭在諭旨中明確指出，仿行憲政釐定官制的第一原則是「大權統於朝廷」。而改革官制的主要內容就是設立定責任內閣、開議院、行地方自治。考察政治大臣戴鴻慈在請求改定全國官制以爲立憲預備摺中，就提出要「宜略仿責任內閣之制，以求中央行政之統一也；宜定中央與地方之權限，使一國機關運動靈通也。」戴鴻慈對責任內閣的解釋爲：「責任內閣者，合首相及各部之國務大臣組織一合議制之政府，代君主而負責任者也。蓋中央政府實一國行政之總樞，一切政策從茲出焉。各部漠不相謀，則政策萬難統一。故各國每由君主自擇首相，由首相薦舉閣臣，一切施政之方，由閣臣全體議定，然後施行。」〔註 36〕考察政治大臣載澤在考察政治途中就上摺請行「地方自治之制」。認爲「今州縣轄境，大逾千里，小亦數百里，以異省之人，任牧民之職，庶務叢集，更調頻繁，欲臻上理，戛乎其難。各國郡縣轄境，以戶口計，其大者亦僅當小縣之半，鄉官恆數十人，必由郡邑會議公舉，如周官鄉大夫之制，庶官任其責，議會董其成，有休戚相關之情，無扞格不入之苦，是以事無不舉，民安其業。宜取各國地方自治制度，擇其尤便者，酌定專書，著爲令典，剋日頒發，各省督撫分別照行，限期蕆事。」〔註 37〕此外又有廣泛的開設議院之論。但是，這些制度的實行是否會危及到清廷的權威君主的尊嚴呢？對此，作爲皇室宗親的考察政治大臣載澤根據其在日本考察政治情形，並根據日本改革功勳伊藤博文和法學博士穗積陳重的理論，向慈禧太后陳言立憲可以鞏固的君主十七項統治大權，包括：

> 一曰，裁可法律、公佈法律、執行法律，由君主。
>
> 二曰，召集議會，開會、閉會、停會及解散議會，由君主。
>
> 三曰，以緊急敕令代法律，由君主。
>
> 四曰，發布命令，由君主。
>
> 五曰，任官免官，由君主。
>
> 六曰，統帥海陸軍，由君主。
>
> 七曰，編制海陸軍常備兵額，由君主。
>
> 八曰，宣戰、講和、締約，由君主。

〔註 36〕《清末籌備立憲檔案史料‧上冊》，故宮博物院明清檔案部編，中華書局 1979 年版，頁 367。

〔註 37〕《清末籌備立憲檔案史料‧上冊》，故宮博物院明清檔案部編，中華書局 1979 年版，頁 113。

九曰，宣告戒嚴，由君主。

十曰，授予爵位勳章及其他榮典，由君主。

十一曰，大赦、特赦、減刑及復權，由君主。

十二曰，戰時及國家事變、非常施行，由君主。

十三曰，貴族院組織，由君主。

十四曰，議會展期，由君主。

十五曰，議會臨時召集，由君主。

十六曰，財政上必要緊急處分，由君主。

十七曰，憲法改正廢除，由君主。〔註38〕

慈禧太后雖然仍有疑慮，但是抵擋不住形勢的逼迫，最終她向官制改革和仿行立憲邁出了重要的一步，晚清的憲政改革正式開始了。

（二）新官制的產生

根據光緒三十二年七月十三日立憲上諭，立憲改革的大概方略為「廓清積弊，明定責成，必從官制入手。亟應先將官制分別議定，次第更張。並將各項法律詳慎釐定，而又廣興教育，清理財政，整頓武備，普設巡警，使紳民明晰國政，以預備立憲基礎。〔註39〕」第二日清廷即發布上諭實行官制改革，派奕劻、孫家鼐、瞿鴻禨為總司核定大臣，載澤、世續、那桐、榮慶、載振、鐵良、張百熙、戴鴻慈、葛寶華、徐世昌、陸潤癢、壽耆、袁世凱為編纂官制大臣公同編纂，著端方、張之洞、升允、錫良、周馥、岑春煊選派司道大員來京隨同參議。〔註40〕

其具體情況如下〔註41〕：

〔註38〕《清末籌備立憲檔案史料·上冊》，故宮博物院明清檔案部編，中華書局1979年版，頁173~174。

〔註39〕上海商務印書館編譯所編，《大清新法令·第一卷》，商務印書館2011年版，頁37。

〔註40〕故宮博物院明清檔案部編，《清末籌備立憲檔案史料·上冊》，中華書局1979年版，頁385。

〔註41〕編纂官制總司核定大臣和編纂大臣具體資料參見：上海商務印書館編譯所編，《大清新法令》，商務印書館2011年版；故宮博物院明清檔案部編，《清末籌備立憲檔案史料》，中華書局1979年版；錢實甫編，《清季新設職官年表》，中華書局1961年版；錢實甫編，《清季職官年表》中華書局1980年版等。

職　權	姓　名	職　　　衘	官制改革之後任職情況
總司核定大臣	奕劻	軍機大臣、外務部總理大臣、封慶親王	憲政編查館王大臣
	孫家鼐	文淵閣大學士、翰林院掌院學士	資政院總裁
	瞿鴻機	協辦大學士、軍機大臣、外務部會辦大臣、外務部尚書	
編纂大臣	載澤	鎮國公	度支部尚書纂擬憲法大臣
	世續	東閣大學士、軍機大臣	資政院總裁
	那桐	東閣大學士、外務部會辦大臣、步軍統領	
	榮慶	協辦大學士、軍機大臣、翰林院掌院學士、學部尚書	
	載振	封貝子、商部尚書	農工商部尚書
	奎俊	吏部尚書	總管內務府大臣
	鐵良	軍機大臣、戶部尚書	陸軍部尚書
	張百熙	戶部尚書	郵傳部尚書
	戴鴻慈	禮部尚書	法部尚書
	葛寶華	刑部尚書	禮部尚書
	徐世昌	軍機大臣、巡警部尚書	民政部尚書東三省總督
	陸潤癢	工部尚書	吏部尚書
	壽耆	都察院左都御史	理藩部尚書
	袁世凱	直隸總督	外務部會辦大臣兼該部尚書

1、中央官制改革

　　光緒三十二年九月十六日編纂官制總司核定大臣慶親王奕劻攜各編纂官大臣將新定中央各衙門官制繕單進呈。在奏摺中，奕劻再次陳述此次改定官制的兩個動因：第一，仿行憲政之需求；「既爲預備立憲之基，自以所定官制與憲政相近爲要義。按立憲國官制，不外立法、行政、司法三權並峙，各有專屬，相輔而行」。第二，內政不修之積弊；「廓清積弊，明定責成」，所謂積弊主要是指三個方面，「權限不分、職任不明、名實不副。〔註42〕」針對以上

〔註42〕 故宮博物院明清檔案部編，《清末籌備立憲檔案史料》，中華書局1979年版，頁462。

需求和存在的問題，本著爲立憲做基礎，以分權定限、分職專任、循名責實的方法，制定了《官制通則》三十二條，對清廷中央官制進行了如下改革：

> 首分權以定限。立法、行政、司法三者，除立法當屬議院，今日尚難實行，擬暫設資政院以爲預備外，行政之事則專屬之內閣各部大臣。內閣有總理大臣，各部尚書，亦均爲內閣政務大臣，故分之爲各部，合之皆爲政府，而情無隔閡，入則參閣議，出則各治部務，而事可貫通。如是則中央集權之勢成，而政策統一之效著。司法之權則專屬之法部，以大理院任審判，而法部監督之，均與行政官相對峙，而不爲所節制。此三權分立之梗概也。此外有資政院以持公論，有都察院以任糾彈，有審計院以查濫費，亦皆獨立不爲內閣所節制，而轉足監督閣臣。此分權定限之大要也。

> 次分職以專任。今共分爲十一部，更定次序，以期切於事情，首外務部，次吏部，次民政部，次度支部，次禮部，次學部，次陸軍部，次法部，次農工商部，次郵傳部，次理藩部。專任之法，內閣各大臣同負責任，除外務部載在公約，其餘均不得兼充繁重差缺，各部尚書只設一人，侍郎只設二人，皆歸一律。至新設之丞參，事權不明，商多窒礙，故特設承政廳，使左右丞任一部總匯之事，設參議廳，使左右參議任一部謀議之事。其郎中、員外郎、主事以下，視事務之繁簡，定額缺之多寡。要使責有專歸，官無濫設。此分職專任之大要也。

> 再正名以核實。巡警爲民政之一端，擬正名爲民政部。戶部擬正名爲度支部，以財政處、稅務處併入。兵部徒擁虛名，擬正名爲陸軍部，以練兵處、太僕寺併入，而海軍部暫隸焉。既設陸軍部，則練兵處之軍司令宜正名爲軍諮府，以握全國軍政之要樞。刑部爲司法之行政衙門，徒名曰刑，義有未盡，擬正名爲法部。商部本兼掌農工，擬正名爲農工商部。理藩院擬正名爲理藩部。太常、光祿、鴻臚三寺，同爲執禮之官，擬併入禮部。工部所掌半已分隸他部，而以輪、路、郵電併入，擬改爲郵傳部。此正名核實之大要也。〔註43〕

從奏陳的中央官制改定方案，隱約可以看出編纂官制大臣組織現代內閣制的意圖。考察東西洋政治的編纂官制大臣載澤、戴鴻慈等人已經在試圖超

〔註43〕故宮博物院明清檔案部編，《清末籌備立憲檔案史料·上冊》，中華書局1979年版，頁462～470。

出傳統官僚制度的框架束縛，尋求建構現代的內閣官制體系。然而，九月二十日，慈禧太后以光緒皇帝的名義發布上諭，對官制方案在基本肯定的前提下，進行了非常重要的修改：

> 軍機處為行政總匯，雍正年間本由內閣分設，取其近接內廷，每日入職承旨，辦事較為秘速，相承至今，尚無流弊，自毋庸復改。內閣軍機處一切規制，著照舊行。其各部尚書均充參與政務大臣，輪班值日，聽候召對。其應行增設者，資政院為博採群言，審計院為核查經費，均著以次設立。其餘宗人府、內閣、翰林院、欽天監、鑾儀衛、內務府、太醫院、各旗英、十位處、步軍統領衙門、順天府、倉場衙門，均著毋庸更改。〔註44〕

這樣的修改，將編纂官制大臣構想的走向現代責任內閣制的可能性降低了很多，卻恰恰符合以慈禧為代表的清廷權力機關「大權統於朝廷」的基本要求，「作為官制改革的核心和立憲政體第一要義的責任內閣，竟然完全沒有涉及，〔註45〕」資政院也著「以後設立」〔註46〕。

新的中央官制將傳統以六部為核心的中央機關，鴉片戰爭以來新設立的機關，以及根據現在需要增加的機關整合，組成以外務部為首的新的中央行政機構。依次為外務部、吏部、民政部、度支部、禮部、學部、陸軍部、法部、農工商部、郵傳部、理藩部，共十一部。這十一部執掌行政大權，另設大理院掌審判，都御使掌監察，是為新的中央官制。〔註47〕

〔註44〕 上海商務印書館編譯所編，《大清新法令·第一卷》，商務印書館 2011 年版，頁 39。

〔註45〕 張晉藩著，《中國憲法史》，吉林人民出版社 2004 年版，頁 89。

〔註46〕 資政院的設立經歷了一個很長的時期。按照新官制設計，資政院為代行議院職責之機構，執掌立法權限。慈禧太后發布的新官制上諭時，著資政院「以次設立」。光緒三十三年清廷發布上諭，著立設資政院，派溥倫、孫家鼐為資政院總裁，擬定資政院章程。宣統元年七月才得以制定通過《資政院章程》，宣統元年九月制定通過《資政院議院選舉章程》，宣統二年八月二十日召開第一次預備會議。具體情況見後文憲政編查館與資政院一章。

〔註47〕 新設中央各部除外務部以外，均設尚書一員，不分滿漢。外務部源於原來的總理各國事務衙門，是應清朝末年的對外局勢的要求而設立。外務部設立之初，居六部之上，現在則居各部之首。外務部的組織與其他各部不同，並非尚書、侍郎的模式，而是設外務部總理大臣一員，外務部會辦大臣一員，外務部會辦大臣兼部尚書一員；巡警部為光緒三十一年設立，現編入民政部；商部為光緒二十九年設立，現編入農工商部；學部為光緒三十一年設立，官制改革中仍按舊制。都御史由原來的都察院改制而成，大理院由大理寺改制

在新的中央官制下，原內閣、軍機處等接近內廷、關係君主大權的機構並未被裁撤，而且依照舊制，新設各部尚書依舊充任參與政務大臣。這就意味著自明代以來的內閣和清雍正以來的軍機處，這種不設最高長官、成員全體向皇帝負責、純粹聽命於君主、維護君主無上權威的秘書性機構仍然維繫〔註48〕。不僅如此，新官制下的中央機關仍然不設統率各部的最高長官，編纂官制大臣想要建立新的由內閣總理大臣統率各部組建責任內閣的設想也未得到實現。可見，慈禧太后希望能夠繼續通過這種機構設置以達到對整個中央機關以及地方行省以心使臂以臂使指的最高權力控制。這樣的改革雖然對中央機構進行了不小的改動，但是對於當下要進行的「仿行立憲」事宜，顯然不能完全滿足要求。網羅新式人才，組建一個以「立憲」為要務的專門機構，是非常必要的。於是，專門為立憲而生的憲政編查館的設立就成為必然。

2、地方官制改革

此次官制改革中的地方官制改革，從整體上來說的成效很難一時做定論，不過，雖然如此，但是地方官制改革的某些成果卻為「仿行立憲」以及憲政編查館的工作給予了很好的支持和輔助。

〔註48〕而成，執掌審判，與刑部份庭抗禮。後又於宣統三年設立的弼德院與典禮院。中國傳統意義上的內閣制發端於明朝，清朝沿用，在明清時期，內閣或軍機處是中央的最高權力機關。明清時期的內閣閣員大都稱某殿或某閣大學士，大學士的職權主要是接受各處奏章，上報皇帝，替皇帝撰擬諭旨、答批奏牘，是為皇帝近臣，故參與重要機務。軍機處本身是由內閣分設，為清雍正時期設立，因雍正時期屢次用兵而設，其職責本來不過是專管軍機秘密事情的，後來由於軍機大臣一般都是內閣學士充任，再加上軍機處接近內廷，每日入值，承旨辦事，內閣的權就被軍機處吸收去了。到了後來，軍機處反而後來居上，而內閣大學士成了賞給有功之臣的榮譽頭銜。軍機大臣沒有定員，根據皇帝的意志，在皇族、內閣大學士、各部尚書中選任。雖然內閣或軍機處為中央的權力總匯，但是它們並不是現代意義的內閣，其與現代君主立憲國的內閣有兩點根本的不同：第一，無論內閣還是軍機處，都沒有一個統率本部的最高首長，最高首長就是皇帝；第二，內閣大學士或軍機大臣，都沒有向各部或各省督撫直接發布命令的權力，這個權力屬於而且只屬於皇帝。所以，明清時期的內閣或軍機處都只是一個秘書性辦事機構。不具備現代君主立憲制下責任內閣的基本特徵。晚清政府曾於宣統三年四月初十日發布《內閣官制》，命奕劻為內閣總理大臣，試圖組建現代意義上的內閣。但是由於根據同日發布的《內閣辦理暫行辦法》，該內閣不對議會負責，議會對內閣決議也沒有否決權，再加上此內閣將大權盡掌握在滿洲貴族之手，故而被稱為有名無實的「皇族內閣」。參見，李劍農著，《戊戌以後三十年中國政治史》，中華書局 1965 年版；張晉藩著，《中國憲法史》，吉林人民出版社 2004 年版。

在中央官制改革階段性完成後，慈禧太后發布上諭著奕劻等續訂各省官制，並籌議地方自治。地方吏治是任何一個朝代是否清明的關鍵，也是任何一個朝代能否興盛的基石。晚清時期，外患頻增，內亂迭起，然而吏治窳敗，官吏魚肉百姓，幕友上下其手，而清政府對外賠款最終都要每一個普通百姓來承擔，這一切都使得百姓生活極為窮苦。連慈禧太后在上諭中也明確指出「方今民生重困，皆因庶政未修，州縣本親民之官，乃往往情形隔閡，諸事廢弛，閭閻利病，漠不關心。甚至官親幕友肆為侵欺，門下書差敢於魚肉，吏治焉得不壞，民氣何由而伸，言念及此，深感痛恨」。由此，慈禧太后也認識到晚清政府的新政與富強，「州縣各地方關係尤要」，具體到地方官制的改定，則認為「現在國民資格尚有未及，地方自治一時難以遽行，究竟如何酌核辦理，先為預備，或增改佐治員缺，並審定辦事權限，嚴防流弊，務通下情」〔註49〕。此外，慈禧太后還想藉此次各省官制改革來限制督撫，試圖將地方的司法、財政、軍政大權等集中到中央的手中。

光緒三十三年五月，官制改革總司核定王大臣奕劻就各省官制改革情形上奏，並隨奏摺附陳《各省官制通則》三十四條。奕劻在奏摺中陳述到此次續訂各省官制的原則有二：分設審判各廳以為司法獨立之基礎；增益佐治各員以為地方自治之基礎。〔註50〕按照這一意圖，編纂官制大臣希望在各地方就該省情形設立府州縣議事會董事會參與議事輔助地方自治，在各省府州縣設立高等審判廳、地方審判廳和初級審判廳，和中央的大理院一起，實現司法獨立。最後，清廷發布上諭著東三省、江蘇、直隸等省先行擇地試辦，俟著有成效，再分年分地逐漸推廣，通限十五年一律通行。但是，由於各種原因，地方官制改革最終沒能最終完成，但是各省在改革官制和籌辦憲政中，設立各級裁判所，設立各省調查局調查各省民情風俗，設立各省諮議局推行地方自治等，這都為晚清的立憲和修律做了大量的基礎工作，為憲政編查館推行憲政改革提供了很好的外圍輔助作用。

三、憲政編查館的設立及其在新官制中的地位

清末的新政改革發展到籌備立憲的地步，已經快要超出了慈禧太后的控

〔註49〕故宮博物院明清檔案部編，《清末籌備立憲檔案史料・上冊》，中華書局1979年版，頁472。

〔註50〕故宮博物院明清檔案部編，《清末籌備立憲檔案史料・上冊》，中華書局1979年版，頁505。

制範圍，「大權統於朝廷」的底線很有可能會被將要出現的內閣、資政院、自治地方所侵奪，皇室的最高權力也有可能被將要出現的憲法所限制。爲此，只有在新政和立憲的大背景下，通過設立新的機構，控制憲政的實行和發展步驟，使皇室一直處於主動的地位。憲政編查館就是在這樣的條件下產生的。

一般情況下，我們都會根據光緒三十三年七月初五日奕劻的奏摺以及當日的內閣上諭，認爲憲政編查館是考察政治館的改組，這在一定程度上是正確的。當官制改革作爲仿行立憲的預備部份完成以後，中央和地方的政治制度已經發生了變化，行政、立法、司法已經開始走向了分權定限的道路，憲政改革的工作正式開始推行了。這個時候，組建一個熟知憲政制度統領新政改革的機構十分必要。將原來進行東西洋政治考察和編書的考察政治館直接改組，是爲最可靠的辦法。在這裡我們不厭其煩重述奕劻的奏摺，奕劻在奏摺中指出，預備立憲以來，「人手辦法，總以研究爲主，研究之要，不外編譯東西洋各國憲法，以爲借鏡之資，調查中國各行省政俗，以爲更張之漸，凡此兩端，皆爲至當不易，刻不容緩之事。擬請旨將考察政治館改爲憲政編查館，以便切實開辦」云云。當日慈禧太后以光緒皇帝發布的諭旨也認爲「從前設立考察政治館，原爲辦理憲政，一切編製法規、統計政要各事項，自應派員專司其事，以重責成。著即改爲憲政編查館，資政院未設以前，暫由軍機處王大臣督飭原派提調詳細調查編定，以期次第施行」。由此可知，憲政編查館和考察政治館在機構、人員、事務等方面有這十分密切的接續關係。但是憲政編查館的設立卻不只是考察政治館的簡單改組。

（一）「新政統率」到「憲政樞紐」——憲政編查館是督辦政務處的延續

戊戌政變後，全國上下無敢言變法者。後來由於庚子拳變，隨之八國聯軍入京，慈禧太后狼狽「西狩」，在「西狩」期間，慈禧太后以光緒皇帝的名義於光緒二十六年十二月十日下詔變法，命臣下「各就現在情形，參酌中西政要，舉凡朝章典故，吏治民生，學校科舉，軍政財政，當因當革，當省當並」等問題「或取諸己，或求諸人，如何而國勢始興，如何而人才始出，如何而度支始裕，如何而武備始修，各舉所知，各抒所見，通限兩個月，詳悉

條議以聞。〔註51〕」隨著變法上諭的發布，有識之士及通達之人開始上書言事，力陳變法，其中著名的《江楚匯奏變法三摺》即使這個時候產生的。清廷要實行變法，那就必須有一個主持新政的中央機關，督辦政務處就自然產生了。

督辦政務處，設立於光緒二十七年（1901 年）三月初三日，該日上諭指出：

> 上年十二月初十日，因變通政治，力圖自強，通飭京外各大臣各抒所見，劃切敷陳，以待甄擇。近來陸續條奏已屬不少，……此舉事體重大，條件繁多，奏牘紛繁。務在體察時勢，抉擇精當，分別可行不可行，並考察其行之力不力。非有統率之區，不足以專責成而絜綱領。著設立督辦政務處，派慶親王奕劻爲督辦政務處王大臣，大學士李鴻章、榮祿、崑岡、王文韶、鹿傳霖爲督辦政務大臣，劉坤一、張之洞亦著遙爲參領。各該王大臣等，於一切因革事宜，務當和衷商榷，悉心祥議，次第奏聞。〔註52〕

根據這一上諭，可知督辦政務處的設立完全是爲執行變法，並就變法問題「專責成而絜綱領」，將一切有關變法事宜，「悉心祥議，次第奏聞」。督辦政務處設立以後，晚清的新政也開始走上了軌道。在宣佈立憲之前，新政的其主要成就包括改總理衙門爲外務部，設立商部，設立巡警部，設立學部，復開經濟特科，著各省及宗人府派員出洋留學，以及派五大臣考察政治等。其中一個主要成果就是派五大臣出洋考察政治，並設立考察政治館，負責「延攬通才，悉心研究，擇各國政治之與中國治體相宜者，斟酌損益，纂訂成書」。可見督辦政務處實爲新政「統率之區」。官制改革後不久，清廷即發布上諭，將督辦政務處改爲會議政務處，著各部尚書均充參與政務大臣，輪班值日，聽候召對。後來，隨著憲政編查館的設立，政務處於歸併到內閣，各軍機大臣均充任憲政編查館館務大臣，督辦政務處的新政統率地位與職權也轉移到憲政編查館。

我們已知憲政編查館在人員編制上沿用了考察政治館的編制，考察政治館原爲督辦政務處下的編書機構，向督辦政務處負責。但是是憲政編查館由

〔註51〕夏新華等編，《近代中國憲政歷程：史料薈萃》，中國政法大學出版社 2004 年版，頁 36。

〔註52〕上海商務印書館編譯所編，《大清新法令・第一卷》，商務印書館 2011 年版，頁 3。

軍機處王大臣奕劻領銜的立憲機構，奕劻時封慶親王，任軍機大臣、政務處王大臣、外務部總理大臣，此外各軍機大臣均充任憲政編查館館務大臣。一切編製法規、統計政要等憲政事宜均交由該館負責，爲憲政之樞紐。可以說，憲政編查館在形式上是考察政治館的改組，在實質上則是督辦政務處的延續，但也不是簡單的改組和延續，而是從「新政」到「憲政」的變化。

（二）憲政編查館的權力及其在新官制中的地位

　　憲政編查館在設立的時候，對其職責的設定主要爲編製法規、統計政要。但是由於之前官制改革的不徹底，以及憲政編查館作爲「憲政之樞紐」，原本計劃在中央新官制中設立的一些機構及職權就不斷地歸併到憲政編查館的名義下，憲政編查館的職權也因此處於不斷的擴大過程之中。

　　根據編纂官制大臣釐定新中央官制的設計，「立法、行政、司法三者，除立法當屬議院，今日尚難實行，擬暫設資政院以爲預備外，行政之事則專屬之內閣各部大臣。內閣有總理大臣，各部尚書，亦均爲內閣政務大臣，故分之爲各部，合之皆爲政府，而情無隔閡，入則參閣議，出則各治部務，而事可貫通。如是則中央集權之勢成，而政策統一之效著。司法之權則專屬之法部，以大理院任審判，而法部監督之，均與行政官相對峙，而不爲所節制。些三權分立之梗概也。此外有資政院以持公論，有都察院以任糾彈，有審計院以查濫費，亦皆獨立不爲內閣所節制，而轉足監督閣臣。〔註 53〕」後來在發布中央官制時，爲保障大權統於君主，「其應增設者，資政院爲博採群言，審計院爲核查經費，均著以次設立」。使得資政院和審計院的設立遙遙無期。後來，資政院正式開會都已經到了宣統二年八月，而審計院則直至辛亥革命爆發，清廷覆亡也沒有設立。不過，這些應設機構的職權，卻都部份轉移到了憲政編查館的名下。

　　根據憲政編查館辦事章程，憲政編查館的機構設置包括掌憲法、法典、個單行法及行政法規的編製局；掌外交、民政、財政、教育、軍政、司法、事業、交通、藩務之事的統計局。後來，又於光緒三十四年在憲政編查館設立考核專科，負責考核議會未開以前逐年應行籌備事宜。〔註 54〕此外，爲了

〔註53〕故宮博物院明清檔案部編，《清末籌備立憲檔案史料‧上冊》，中華書局 1979年版，頁 463。

〔註54〕故宮博物院明清檔案部編，《清末籌備立憲檔案史料‧上卷》，中華書局 1979年版，頁 49～50，69。

配合憲政編查館的工作，清廷中央發布上諭，著各省設立調查局，中央各部院設立統計處，隨時將有關憲政事宜的調查各件諮報憲政編查館。後來，又於宣統元年閏二月，著各省仿照直隸設立憲政儲備處〔註 55〕，配合憲政編查館工作。由此可知，在籌備立憲過程中，憲政編查館統領中央各部、地方各省，並且，原本設計的審計院和資政院的職能，也部份交給憲政館執掌了。

可見，在清末籌備立憲事宜中，憲政編查館是一個非常特殊的機構，作為憲政之樞紐，它在地位上由軍機處王大臣管理，直接向皇帝負責，並統領中央各部院、地方各省；在職能上，統一全國法制與統計事項，起草憲法大綱，審核法律、法規、部門規章；在議會未開以前，負責考核憲政籌備事宜。顯而易見，在仿行立憲這個過渡時期，雖然理論上主張並尋求立法、行政和司法的三權分立，但是，在變法的實際過程中，不可能有這樣嚴格的區分。因而，憲政編查館並非是一個單純的行政權力機構，它不僅有著行政匯總機構的地位，也有立法和審議的權力，它機構本身的模糊性和複雜性，恰好反應了晚清時期向西方尋求真理的中國社會的模糊性和複雜性。

本章小結

本章主要描述憲政編查館的機構，包括其設置沿革、職權、組織機構，以及在清末官制改革中的地位。憲政編查館由考察政治館改制而來，由軍機處王大臣統領，由提調總司館務，下設三局三處一科，館內工作人員既有傳統的士子，又有新式的法政人才，在中西文化的激蕩之下，執掌清末的法制改革。在整個改革的過程中，憲政編查館以清末「憲政之樞紐」的地位，負責起草憲法、編製法規、統計政要、續訂官制等事宜，它直接向皇帝負責，將立法權與行政權集於一身，成為繼督辦政務處之後，晚清法制改革的領導機構，是研究晚清立憲和修律的一個非常重要的入口。

〔註 55〕據《宣統政紀・第九卷》記載，宣統元年閏二月，直隸總督楊士驤奏：「議院未開以前，各省應行籌備各事，條理甚繁，非有總匯綱領之區不足以資考核而免貽誤，擬就臣署設一專辦處，名曰憲政籌備處，遴派提調科長科員，遵照九年籌備章程，各按期限專辦。本省各主管官廳局所遵辦事件統由該處隨時考察。」對此奏摺的批覆是：「一切預備憲政事宜，宜皆當切實籌辦，以期依限無誤。俾作各省模範，切勿鬆懈。」《清實錄・第六十冊》，中華書局 1987年影印版，頁 179～180。

第三章　憲政編查館與清末立憲

第一節　考察憲政確定大綱

　　立憲是憲政編查館的首要任務。在清末的中國立憲，其最主要的問題就是如何尋求專制君主與立憲制度之間的平衡點。依照《憲政編查館辦事章程》，憲政編查館首要職責就是要「審查憲政，編定憲法草案」。那麼，尋求專制君主同立憲制度之間的平衡點這一責任自然就落在了憲政編查館的身上。

一、憲政考察

　　清末自發布新政以來，有兩次考察政治。第一次考察政治由考察政治館統率，確定了晚清立憲的宗旨，但是對如何立憲卻因為考察政治的不充分而沒有給出具體的設計，正式由於第一次考察政治的不充分，才有由憲政編查館統率的第二次考察政治，考察的目的是選擇立憲的方略，綜稱憲政考察。

（一）第一次考察政治的不足

　　考察政治大臣考察東西洋各國政治時，兵分兩路，戴鴻慈、端方一路（由美赴歐），載澤、尚其亨、李盛鐸一路（自日至英）。考察政治大臣於半年左右的時間裏造訪了英、日、美、德、俄、法、義、荷、奧、丹、瑞、那、比十三個國家，其中與中國政體最接近的德國考察時間僅僅四十日不到，英國、日本考察時間也均不到一月，其時間之短暫與考察任務之重大，完全不稱比例。連考察政治大臣自己也說：「舟車之日十有四，觀拜之日十有三；殊方暫

稅，重譯爲言。謂能覘國而知其深，誠所愧惡。〔註1〕」只能夠做到「知其一端」。而且，考察政治大臣對東西洋各國政治制度的認識也不夠充分。考察政治大臣戴鴻慈也在其考察日記中說：「今日文明諸國之政治，皆吾國所固有也，莫不有其眞相焉。不審其歷史之沿革，施行之內容，而貌而襲之，則書院何以不學堂若？保甲何以不警察若？公局鄉約何以不市會若乎哉？〔註2〕」鎭國公載澤也在日記中說：「至用中而弊，雖云致弱，然使人皆修勉於道德，舉國上下，同力一心，正可利用此有餘力之物力，以善其後，安見舊邦之不可以維新也。」而且，還認爲「夫法制、政教、兵農、工商，當因時損益，舍短取長，此可得而變易者也；倫常道德，當修我所固有，不可得而變易者也」〔註3〕。可見，雖然考察政治大臣在考察回國後諫言立憲，但是，他們對於如何立憲，怎樣立憲還沒有詳盡的方略。更重要的是，西方的憲政理論，主要體現在英美兩個大國，而不論是英國式的議會至上理論，還是美國式的三權分立理論，都主張對權力的分立和限制。依照英國議會至上的理論，建立向議會負責的責任內閣制，那麼議會就成爲國家最高權力的執掌者，而君主只是虛位君主並不掌握國家權力，這顯然不符合清廷的要求。根據美國的三權分立理論，立法司法行政三權分立，立法權屬於國會，行政權屬於由政府，司法權屬於最高法院。這更不符合清廷的希望。慈禧太后同意立憲，但是她的底線是「大權統於朝廷」，要使立憲與君主大權並存，而考察政治大臣只是就此作出了可行性的回答，但是並未有給出合理且具體的建議。於是，以憲法和憲政制度爲內容的考察必須切實進行，而且，這次考察必須派遣在清廷中央看來公忠體國之士，於是第二次考察憲政在發布仿行立憲之後，由憲政編查館具體實行。

（二）第二次出洋考察政治——憲政考察

第二次考察政治發生在光緒三十三年到三十四年之間，其首倡者爲直隸總督袁世凱，執行者爲憲政編查館。第二次考察政治與第一次考察政治有兩點很大的不同。首先，在考察政治大臣的選任上，第一次考察政治大臣爲皇

〔註1〕載澤著，《考察政治日記》，鍾淑河編《走向世界叢書》，嶽麓書社1986年版，頁564。

〔註2〕戴鴻慈著，《出使九國日記》，鍾淑河編《走向世界叢書》，嶽麓書社 1986 年版，頁297。

〔註3〕載澤著，《考察政治日記》，鍾淑河編《走向世界叢書》，嶽麓書社1986年版，頁566。

室宗親和朝廷三品以上大員，而第二次考察政治則都是級別較低的沉穩幹練之士；其次，在考察內容上，第一次考察政治則是對東西洋各國政治全面考察，第二次考查政治則只針對和中國政治相似的英、日、德三國的憲政考察。按照憲政編查館開送的考察要目，這次憲政考察內容概括起來，總共為六類：第一類憲政史；第二類憲法；第三類立法；第四類行政，第五類司法，第六類財政。其中第一類第二類第三類由達壽編輯奏進，第四類第五類第六類由李家駒奏進。

袁世凱與光緒三十三年六月十九日上摺中，環顧國際形勢，提出立憲的必要性，並且對比日本明治維新之時的先例，指出了第一次考察政治的不足，不足以滿足清廷當下要仿行立憲的新需求：

> 近數十年來，環球各國無不頒佈憲法，顧國既有情勢之不同，則法亦有範圍之互異。況憲法一定，永永不易，則所以綢繆未雨，斟酌而別擇之者，非假以歲月不為功。前者載澤等奉使出洋，原為考球一切政治，本非專意憲法，且往返僅八閱月，當無暇洞見源流。臣聞日本之預備立憲也，遣伊藤博文等周遊歐美視察憲政，綿歷九年，始宣佈七十六條之憲法。各國政體，以德意志、日本為近似吾國，現奉詔切實預備立憲，柯則具在，詢度攸資。擬請特簡明達治體之大臣，分赴德、日兩國，會同出使大臣專就憲法一門，詳細調查，博訪通人，祥徵故事，何者為入手之始，何者為收效之時，懸鑒照形，立竿取影，分別後先緩急，隨時呈報……〔註4〕

於是，清廷派達壽、李家駒先後前往日本，派于式枚前往德國考察憲政。

達壽，滿洲正紅旗，光緒二十年進士選庶吉士，光緒三十二年任學部右侍郎，光緒三十三年八月，授憲政編查館任命以學部左侍郎身份出使日本考察憲政，光緒三十四年遷理藩部左侍郎兼任憲政編查館提調，宣統三年閏六月授任奕劻內閣理藩部大臣，後授任資政院副總裁。

李家駒，漢軍正黃旗，光緒二十年進士選庶吉士，光緒三十二年任大學堂總監，光緒三十四年候補內閣學士，宣統元年授憲政編查館提調以內閣學士身份出使日本考察憲政，宣統二年授學部右侍郎，宣統三年授任資政院副總裁，後遷任總裁。

〔註4〕故宮博物院明清檔案部編，《清末籌備立憲檔案史料》，中華書局 1979 年版，頁 202。

　　于式枚，廣西賀縣人，光緒六年進士選庶吉士，光緒三十二年任廣東學政大臣，光緒三十三年任郵傳部右侍郎，以郵傳部右侍郎身份出使德國考察憲政，光緒三十四年任吏部右侍郎，宣統三年授任學部右侍郎。〔註5〕

　　這三人都是傳統教育出身，並且在長期擔任教育機構的職位，浸淫於儒家倫常道德之中。選派他們三人出使考察憲政，可以說是慈禧太后「大權統於朝廷」的立憲初衷的必然結果。這三人中，以憲政編查館提調達壽的考察報告最爲詳盡，就清廷中央關於憲法和憲政的諸多問題，達壽都做了明確的考察，其諫言與清廷後來立憲事宜的展開有莫大的關係。

　　達壽於光緒三十四年七月考察回國，回國後上摺慈禧太后和光緒帝就立憲問題做最後的報告，在報告中，達壽主要陳述了兩個核心的立憲理論：第一，政體之急宜立憲；第二，憲法之亟當欽定。他認爲「政體取於立憲，則國本固而皇室安。憲法由於欽定，則國體存而主權固。〔註6〕」也就是說，清廷當下的情形必須選擇立憲，但是必須選擇君主立憲。

　　在上摺陳述立憲主張時達壽首先進行國體與政體的辨析以解釋清廷中央的疑竇。「所謂國體者，指國家統治之權，或在君主之手，是爲君主國體；或在人民之手，是爲民主國體。所謂政體者，立憲與專制之分耳。國體以歷史爲斷，不因政體之變革而相妨。政體視乎時勢爲轉移，非如國體之固定而難改。世或以政體之變更，而憂國體之搖撼，於是視立憲爲君權下移之漸，疑國會爲民權上逼之階，猶豫狐疑，色同談虎，此皆大誤者也。」通過國體與政體之辨，達壽稟告慈禧太后與朝中反對立憲的保守派人士，立憲並不會撼動清廷的根基。

　　其次，達壽陳述清廷必須主動仿行立憲。爲此，他對比陳述了歐洲立憲和日本立憲的兩種歷史事實。「考歐洲憲法之發生，其淵源有二：一由於歷史之沿革，一由於學說之闡明。而其結果，皆爲人民反抗其君，流血漂櫓而得者也。日本立憲，則卒賴天皇果敢，英斷獨抒，先酌古而斟今，決從人而舍己，乃遣其臣木戶孝允、大久保利通、伊藤博文等，先後馳赴歐美，考察憲政。……於是御前會議，乾斷獨裁，縮短發布憲法之期，亟定開設國會之限。於明治二十二年布憲法，二十三年開國會。蓋自伊藤博文等考察憲政歸朝以

<hr>

〔註5〕錢實甫編，《清季職官年表》（一至四冊），中華書局 1980 年版；錢實甫編，《清季新設職官年表》，中華書局 1961 年版。

〔註6〕夏新華編，《近代中國憲政歷程：史料薈萃》，中國政法大學出版社，頁55。

來，相距不及七年耳。於是一戰而勝，再戰而勝，名譽隆於全球，位次躋於頭等，非小國能戰勝於大國，實立憲能戰勝於專制也。」可見，主動立憲則生，被動立憲則死。

第三，達壽從不同的角度陳述「救亡之方只在立憲」，清廷若想要擺脫內憂外患的現狀，則必須立憲。「立憲政體者，所以厚國民之競爭力，使國家能進而行帝國主義者也。立憲之國家，其人民皆有納稅、當兵之義務，參政之權利。……夫戰鬥、財富、文化既為帝國主義之要端，而是三者則斷非不立憲之國所可以夢想而幸獲。何也？不立憲，則其國家之機關不完整，其在上也，不能謀國民之發達，而下之國民，亦因被上之拘束，不能自謀其發達。夫國民之不發達，則其競爭力不厚，競爭力不厚，則不足以立於國際競爭之場，而於此獨謂能行其國家主義者，地球之上未曾有也。

第四，「立憲可以安皇室」，確保「皇基永固」。「日本自維新以後，凡與人民發達有直接關係之事，則移諸國家，而與天皇有直接關係之事，則歸諸皇室。皇室、國家之劃分，純以責任為標準。凡此區分，名曰間接政治。間接政治者，謂依據憲法以組織施行之機關，由此機關間接以行政治也。由此，內閣且夕有更迭之事，君主萬年無易位之憂。」而且，三權分立之制並不僅不會損害君主的大權，而且是對君主權威的最好保障。「三權分立之真精神。司法獨立、立法獨立、行政獨立均未嘗減少君權者。此間接政治，既可以安皇室，又可以利國家，元首為其總攬機關，皇室超然於國家至上，法之完全，無過此者。」

第五，達壽認為上述所有情形能夠保證實現的前提是，憲法之必當欽定。他區別了欽定憲法、協定憲法和民定憲法三種立憲模式，認為只有欽定憲法可以存國體而鞏主權。「考憲法制定之歷史，有東西各國之不同，就形式而言，有三種區別：欽定憲法、協定憲法、民定憲法是也。欽定憲法出於君主之親裁，協定憲法由於軍民之共裁，民定憲法則制定之權利在下，而遵行之義務在君。憲法制定之形式既有三種，而政治運行之實際，亦遂不同，即學者所謂大權政治、議院政治、分權政治是也。此三種政治，不能卒斷其短長，倘持國體以為衡，實以大權為最善。而欲行大權之政治，必為欽定之憲章。」並且臚列了欽定憲法在憲政體制下對君權的保障，「欽定憲法可保障君主之地位與大權；欽定憲法可揭載並限定臣民之權利；欽定憲法可復中書省而設對君主負責之內閣；欽定憲法可使國會不侵君主之權；欽定憲法可統一軍權於君主。」

最後，達壽在奏摺中總結道「非實行立憲，無以弭內憂，亦無以消外患，非欽定憲法，無以固國本而安皇室，亦無以存國體而鞏主權。大權政治，不可不仿行，皇室典章，不可不並重。」根據以上陳述和結論，達壽諫言慈禧太后和光緒皇帝，仿效日本主動立憲，行大權政治，以救時弊：「伏願我皇太后、皇上，覽此國家多難之時期，深維祖宗創業之匪易，大施英斷，咸與維新，措天下於治安，與黎民而更始。」〔註7〕

此次考察憲政，論證了第一次政治考察的結論，並且使得清廷立憲的思路更加清晰，更加明確，於是，清廷中央與光緒三十四年發布了立憲的大綱，立憲正式開始了。

二、發布憲法大綱確定立憲綱領

根據清廷中央的要求，立憲要「大權統於朝廷」。那麼此時清廷的立憲，最主要的就是要解決好立法權、司法權、行政權的歸屬問題。清廷的立憲，顯然不能像英國那樣，立法權盡歸議會使君主虛位，更不能像民主國家那樣三權分立互相制衡。只有選擇日本式強勢君主下的立憲制度，甚至要比日本天皇掌控更多的權力。然而，立憲要逐步推行，在推行過程中，不論是在中央和地方的分權中，在中央的官制改革，還是在立憲事宜的推行過程中，清廷中央不能使得立憲背離了「大權統於朝廷」的基本原則。所以，發布上諭確定立憲的大綱，和權力分配的基本準則，是立憲的第一步。於是，光緒三十四年六月二十四日，慈禧太后以光緒皇帝的名義發布諭旨：「著憲政編查館、資政院王大臣，督同館院諳習法政人員〔註8〕甄採列邦之良規，折中本國之成憲，迅將君主憲法大綱暨議院選舉各法擇要編輯，……以立臣工進行之準則。」〔註9〕

光緒三十四年八月初一日，憲政編查館王大臣奕劻攜憲政編查館、資政院會奏清末立憲的總綱領。在陳述編定立憲綱領時，編纂大臣結合東西各國的立憲歷史，分析了各國立憲的不同模式，不同模式的立憲制度下憲法及其

〔註7〕夏新華編，《近代中國憲政歷程：史料薈萃》，中國政法大學出版社，頁55。

〔註8〕此時，資政院並未開院，也沒有選舉議員，僅有溥倫和孫家鼐兩位總裁，所以，這個時候的憲法大綱和議院法選舉法各法要領的編纂，資政院參與並不是很多，主要都是由憲政編查館負責編定。

〔註9〕故宮博物院明清檔案部編，《清末籌備立憲檔案史料·下冊》，中華書局1979年版，頁684。

他各種法律的來源以及民眾權利的來源。

第一，立憲的模式有成於下者和成於上者兩種。即：「東西各國立憲政體，有成於下者，有成於上者，而莫不有憲法，莫不有議院。成於下者，始於君民之相爭，而終於君民之相讓；成於上者，必先制定國家統治之大權，而後賜予人民聞政治利益。」毋庸置疑，清廷立憲要「大權統於朝廷」，那就自然是「成於上者」。

第二，成於上者的立憲在權力來源和權力分配上有其特殊性。即：「大凡立憲自上之國，統治根本在於朝廷，宜使議院由憲法而生，不宜使憲法由議院而生。」所以，此次立憲，應該先定憲法，然後根據憲法來選舉議員組織議院開會，而不是先選舉議員組織議院再來由議院議定憲法。

第三，使議院由憲法生而不是憲法由議院生，是爲了保證憲法的欽定。所謂「中國國體，自必用欽定憲法，此一定不易之理。故欲開設議院，必以編纂憲法爲預備之要圖，必憲法之告成先行頒佈，然後乃可召集議院。〔註10〕」

於是根據以上原則，憲政編查館編定了憲法大綱和議院法選舉法各要領。根據憲法大綱，「大清皇帝統治大清帝國，萬世一系，永永尊戴。」大清皇帝的「神聖尊嚴，不可侵犯」。大清皇帝總攬十四項君主大權，執掌立法權、行政權、司法權，大清皇帝是爲國家領袖、政府首腦和軍隊統率，甚至對議會也有召集、開閉、停展及解散之權。臣民則享有君主賜予的六項權利，並向國家承擔納稅、服兵役及遵守法律的義務。相對之下，議院「只有建議之權，並無行政之責，所有決議事件，應恭候欽定後，政府方得奉行。〔註11〕」可見，議院完全處於協贊的地位，它不是國家的最高立法機關，不享有立法權，也不享有監督權，更不用說與行政和司法機構分立權力地位了。

既然清廷仿行立憲是憲法成於上者的欽定憲法，而且是議院由憲法產生，而不是憲法由議院產生，先立憲法再開議院。所以議院只是處於協贊的地位，制憲的權力由君主掌握，而憲政編查館作爲由王大臣統領的憲政樞紐，就自然負責晚清憲政的籌備和推行，進而成爲清末憲政事務的權力匯總機構。

〔註10〕 上海商務印書館編譯所，《大清新法令·第一卷》，商務印書館 2011 年版，頁115。

〔註11〕 上海商務印書館編譯所，《大清新法令·第一卷》，商務印書館 2011 年版，頁120。

第二節　統一事權制定立憲清單規劃立憲進程

　　清廷宣佈立憲，設立憲政編查館統領憲政事宜。但是，立憲不是一件可以一措而就的事情。依照清廷發布立憲上諭所說「目前規制未備，民智未開，若操切從事，塗飾空文，何以對國民而昭大信」。不論這是否是慈禧太后的託辭，但這確實是當時中國政治狀況的實情。立憲是要改革政體，牽扯到從中央到地方，從全國到縣鄉的政治、經濟等一系列制度的變革，進行這樣一次大的變革，要對全國各地方的政治狀況、經濟狀況等進行詳細的調查和統計，然後再逐一推行改革，實現地方自治，進而建立立憲政體。憲政編查館王大臣奕劻就在奏摺中指出，立憲事宜，「頭緒紛繁，辦理宜有次第，如築室然，必鳩工聚材，經營無遺，而又朝夕程督，始終不懈，乃能畫觀厥成。如行路然，必衣糧舟車，各物具備，而又逐日進行，不稍止息，乃能達其所向。〔註12〕」毋庸置疑，立憲應有計劃有步驟漸進地展開。

　　光緒三十四年六月二十四日，慈禧太后以光緒皇帝的名義發布上諭：「著憲政編查館、資政院王大臣督同館院諳習法政人員，……將議院未開以前逐年應行籌備各事分期擬議，臚列具奏……」〔註13〕同年八月初一日，慶親王奕劻領銜憲政編查館和資政院王大臣將開設議院以前逐年籌備立憲事宜，開具清單，呈請慈禧太后，當日即獲得慈禧太后諭准「分發在京各衙門，在外各省督撫、府尹、司道，敬謹懸掛堂上，即責成內外臣工遵照單開各節依限舉辦。每屆六個月，將籌辦成績臚列奏聞，並諮報憲政編查館審核。〔註14〕」於是，自官制改革之後，以憲政編查館為匯總機構的憲政改革正式開始了。

一、制定事宜清單統籌安排立憲

　　如前所述，根據光緒三十四年慈禧太后上諭，憲政編查館王大臣制定了以九年為期的籌備立憲事宜清單，將定憲法開議院之前應行籌辦諸事，以光緒三十四年八月為始，至光緒四十二年結束，按照事宜性質及部門轄屬，呈單上奏。奕劻在陳述所說，九年籌備事宜，「綜其大綱，預備自上者，則以清

〔註12〕故宮博物院明清檔案部編，《清末籌備立憲檔案史料‧上冊》，中華書局 1979 年版，頁 56。

〔註13〕上海商務印書館編譯所編，《大清新法令‧第一冊》，商務印書館 2011 年版，頁 58。

〔註14〕故宮博物院明清檔案部編，《清末籌備立憲檔案史料‧上冊》，中華書局 1979 年版，頁 67。

釐財政，編查戶籍爲最要，而融化滿漢畛域，釐定官制，編纂法典，籌設各級審判廳次之。預備自下者，則以普及教育增進智慧爲最要，而練習自治事宜次之。〔註15〕」九年中所辦事項，有的爲中央部院辦理，有的爲地方督撫辦理，有的爲中央機關與地方督撫合辦，其具體情形如下表顯示：

九年籌備事項表：〔註16〕

籌備年限	籌備事項	性　質	主辦機關	備　註〔註17〕
光緒三十四年第一年	籌辦諮議局	地方自治	各省督撫	本屆完成
	頒佈城鎮鄉地方自治章程	編製法規	民政部 憲政編查館	本屆完成
	頒佈調查戶口章程	部門規章	民政部	本屆完成
	頒佈清理財政章程	部門規章	度支部	本屆完成
	設立變通旗制處 籌辦八旗生計 融化滿漢畛域	滿漢關係	軍機處	本屆完成
	編輯簡易識字課本	教育	學部	本屆完成
	編輯國民必讀課本	教育	學部	本屆完成
	修改新刑律	編製法規	修訂法律館 法部	本屆完成
	編訂民律、商律 刑事民事訴訟律	編製法規	修訂法律館	
光緒三十五年第二年	舉行諮議局選舉	地方自治	各省督撫	本年完成
	頒佈資政院章程 舉行資政院選舉		資政院 各省督撫	本年完成
	籌辦城鎮鄉地方自治 設立自治研究所	地方自治	民政部 各省督撫	

〔註15〕 故宮博物院明清檔案部編，《清末籌備立憲檔案史料・上冊》，中華書局 1979 年版，頁 56。
〔註16〕 參見，上海商務印書館編譯所編，《大清新法令・第一卷》，商務印書館 2011 年版；故宮博物院明清檔案部編，《清末籌備立憲檔案史料・上冊》中華書局 1979 年版。
〔註17〕 籌備立憲以半年爲一屆，光緒三十四年從八月開始，到十二月結束，爲第一屆；之後每年都分兩屆辦理事宜，見後文。

籌備年限	籌備事項	性　質	主辦機關	備　註
	頒佈廳州縣地方自治章程	編製法規 地方自治	民政部 憲政編查館	本年完成
	調查各省人口總數	民政	民政部 各省督撫	本年完成
	調查各省歲出入總數	財政賦稅	度支部 各省督撫	本年完成
	釐定京師官制	官制改革	憲政編查館 會議政務處	本年完成
	編定文官考試章程 任用章程官奉章程	編製法規 官制改革	憲政編查館 會議政務處	本年完成
	頒佈法院編制法	編製法規 司法	憲政編查館 修訂法律館	本年完成
	籌辦各省城及商埠等處 各級審判廳	司法	法部 各省督撫	
	核定新刑律	編製法規	憲政編查館	本年完成
	頒佈簡易識字課本 創建廳州縣簡易識字學塾	教育	學部 各省督撫	本年完成
	頒佈國民必讀課本	教育	學部	本年完成
	組建廳州縣巡警		民政部 各省督撫	
光緒三十六年 第三年	召集資政院議員舉行開院		資政院	本年完成
	續辦城鎮鄉地方自治	地方自治	民政部 各省督撫	
	籌辦廳州縣地方自治	地方自治	民政部 各省督撫	
	彙報各省人戶總數	民政	民政部 各省督撫	本年完成
	編定戶籍法	編製法規	憲政編查館 民政部	本年完成
	覆查各省歲出入總數	地方賦稅 地方自治	度支部 各省督撫	
	釐定地方稅章程	賦稅 編製法規	度支部 各省督撫 憲政編查館	本年完成

籌備年限	籌備事項	性　質	主辦機關	備　註
	試辦各省預算決算	地方賦稅 地方自治	度支部 各省督撫	本年完成
	釐定直省官制	官制改革	憲政編查館 會議政務處	本年完成
	頒佈文官考試章程 任用章程官奉章程	編製法規 官制改革	憲政編查館 會議政務處	本年完成
	設立各省城及商埠等處 各級審判廳	司法	法部 各省督撫	接續上年 本年完成
	頒布新刑律	編製法規	憲政編查館 修訂法律館	本年完成
	推廣廳州縣簡易識字學塾	教育	學部 各省督撫	
	組建廳州縣巡警		民政部 各省督撫	接續上年 本年完成
光緒三十七年 第四年	續辦城鎮鄉地方自治	地方自治	民政部 各省督撫	
	續辦廳州縣地方自治	地方自治	民政部 各省督撫	
	調查各省人口總數	民政	民政部 各省督撫	
	編定會計法	編製法規	憲政編查館 度支部	
	會查全國歲出入總數	財政賦稅	度支部	
	頒佈地方稅章程	編製法規	憲政編查館 度支部 各省督撫	本年完成
	釐定國家稅章程	編製法規	憲政編查館 度支部 各省督撫	本年完成
	實行文官考試章程 任用章程官俸章程		憲政編查館 會議政務處	本年完成
	籌辦直省府廳州縣城治 各級審判廳	司法	法部 各省督撫	

籌備年限	籌備事項	性　質	主辦機關	備　註
	創設鄉鎮簡易識字學塾	教育	學部 各省督撫	
	籌辦鄉鎮巡警		民政部 各省督撫	
	核定民律、商律 刑事民事訴訟律等法典	編製法規	憲政編查館	
光緒三十八年 第五年	城鎮鄉地方自治	地方自治	民政部 各省督撫	
	續辦廳州縣地方自治	地方自治	民政部 各省督撫	
	彙報各省人口總數	統計	民政部 各省督撫	本年完成
	頒佈戶籍法	編製法規	憲政編查館 民政部	本年完成
	頒佈國家稅章程	編製法規	憲政編查館 度支部	本年完成
	頒布新定內外官制	釐定官制	憲政編查館 會議政務處	本年完成
	直省府廳州縣城治 各級審判廳	司法	法部 各省督撫	
	推廣鄉鎮簡易識字學塾	教育	學部 各省督撫	
	推廣鄉鎮巡警		民政部 各省督撫	
光緒三十九年 第六年	實行戶籍法			本年完成
	試辦全國預算	財政賦稅	度支部	本年完成
	設立行政審判院	司法	憲政編查館 會議政務處	本年完成
	直省府廳州縣城治 各級審判廳	司法	法部 各省督撫	接續上年 本年完成
	督辦鄉鎮初級審判廳	司法	法部 各省督撫	
	實行新刑律			本年完成

籌備年限	籌備事項	性　質	主辦機關	備　註
	頒布新定民律、商律刑事民事訴訟律	編製法規	憲政編查館修訂法律館	本年完成
	城鎮鄉地方自治	地方自治	民政部各省督撫	屆此年完成
	廳州縣地方自治	地方自治	民政部各省督撫	
	鄉鎮巡警		民政部各省督撫	
光緒四十年第七年	試辦全國決算	財政賦稅	度支部	本年完成
	頒佈會計法		憲政編查館度支部	本年完成
	試辦新定內外官制	釐定官制		
	廳州縣地方自治	地方自治	民政部各省督撫	屆此年完成
	鄉鎮初級審判廳	司法	法部各省督撫	
	人民識字義者須占總人口數百分之一	教育		
光緒四十一年第八年	確定皇室經費	財政皇權	憲政編查館內務府	本年完成
	變通旗制化除畛域	滿漢關係	變通旗制處	
	設立審計院	官制財政	憲政編查館會議政務處	本年完成
	實行會計法			本年完成
	城鎮鄉初級審判廳一律成立	司法	法部各省督撫	繼續上年本年完成
	實行民律、商律民事刑事訴訟律等法典			本年完成
	鄉鎮巡警一律完備	民政	民政部各省督撫	屆此年完成
	人民識字義者須五十分之一	教育		

籌備年限	籌備事項	性　質	主辦機關	備　註
光緒四十二年 第九年	宣佈憲法	編製法規	憲政編查館	本年完成
	宣佈皇室大典	皇權 立法	憲政編查館 宗人府	本年完成
	頒佈議院法	編製法規	憲政編查館	本年完成
	頒佈上下議院議員選舉法	編製法規	憲政編查館	本年完成
	舉行上下議院議員選舉		民政部 各省督撫	本年完成
	確定預算決算	財政	度支部	本年完成
	制定預算案	財政	度支部	本年完成
	實行新定內外官制			本年完成
	設弼德院顧問大臣	官制	憲政編查館 會議政務處	本年完成
	人民識字者須二十分之一			

　　縱觀上列表格，可以從兩個角度對九年籌備立憲事宜進行分類，進而分析清末籌備立憲的一些基本原則和規律。

　　第一種，依據籌備立憲事宜的性質。

　　根據圖表和分類，我們可以發現，籌備立憲事宜包括辦理地方自治，統計政要，增強國民教育，完善地方司法，續訂中央及地方官制，編纂法典，開設議院，頒佈憲法八大項。其中開設議院和頒佈憲法列入第九年籌辦事宜，而第一年至第八年籌辦的自治、官制、教育、司法、統計等事宜，集中概括起來主要就是完善中央和地方官制，普及教育提高國民智識以及辦理地方自治培養憲政國民素質，為開設議院和頒佈憲法做準備。

　　第二種，依據辦理機關進行分類，可以分為六類。

　　第一類，憲政編查館單獨辦理的事宜。

　　宣佈憲法，頒佈議院法，頒佈上下議院議員選舉法。

　　第二類，修訂法律館辦理呈交憲政編查館審核事宜。

　　核定新刑律，核定民律、商律、刑事民事訴訟律等法典。

　　第三類，憲政編查館與中央各部院或地方督撫同辦事宜。

　　確定皇室經費，宣佈皇室大典（以上兩項與內務府宗人府同辦）；釐定京師官制，釐定直省官制，頒布新定內外官制，設立行政審判院，設定審計院，

設弼德院顧問大臣（以上六項與會議政務處同辦）；頒佈城鎮鄉地方自治章程，頒佈廳州縣地方自治章程，編定文官考試章程、任用章程、官俸章程，頒佈法院編制法，編定戶籍法，釐定地方稅章程，頒佈文官考試章程、任用章程、官俸章程，頒布新刑律，編定會計法，頒佈地方稅章程，釐定國家稅章程，頒佈戶籍法，頒佈國家稅章程，頒布新定民律、商律、刑事民事訴訟律等法典，頒佈會計法（以上十五項與中央各部院或地方督撫同辦）。

第五類，各部院辦理或各省督撫單獨辦理事宜

軍機處：設立變通旗制處籌辦八旗生計，融化滿漢畛域

資政院：頒佈資政院章程，召集資政院議員，舉行開院。

修訂法律館：編定民律、商律、刑事民事訴訟律等法典。

民政部：頒佈調查戶口章程。

度支部：頒佈清理財政章程，匯查全國歲出入總數，試辦全國預算，試辦全國決算，確定預算決算，制定預算決算案。

學部：編輯簡易識字課本，編輯國民必讀課本，頒佈國民必讀課本。

各省督撫：籌辦諮議局。

第六類，各部院與各省督撫同辦事宜

資政院選舉以及籌辦城鎮鄉地方自治、設立自治研究所之類、地方巡警以統計各省人口、財稅數據、完善地方自治等，其他籌備事宜都歸此一類。

其中憲政編查館直接參與辦理的是釐定官制和編纂法典兩項，其他幾項由各部院與地方督撫辦理，由憲政編查館審查。有關官制改革，在憲政編查館成立後，即停止原編纂官制大臣事務，將續訂中央和地方官制未盡事宜交給憲政編查館辦理，這在前文已經有所述及。〔註18〕一切有關編纂法典事宜憲政編查館均直接參與，不過參與的程度和方式有區別：凡是憲法或憲法性法律，則由憲政編查館獨辦；刑律、民律、商律、民事刑事訴訟律等基本法典，由修訂法律管負責編纂，然後交給憲政編查館依照籌備立憲總綱領修改核訂，最後由憲政編查館頒布施行；適用於全國的行政法規由憲政編查館與相關部院共同制定，並頒佈實施；僅為某一部門因某一項專門事務而制定的單行法規或部門規章，則由該部門制定，然後由憲政編查館核定審議通過。

根據以上分析，可以發現，在清末仿行憲政事宜中，按照清廷的設計，以釐定官制、普及教育、地方自治為先導，培養國民的憲政素養，然後統計

〔註18〕參見前文，第二章第二節，憲政編查館的職權。

調查全國及地方的數據，編纂法規與東西洋各國接軌，進而頒佈憲法開設議院，建立君主立憲制政體。而在這個過程中憲政編查館作為「憲政之樞紐」，統率籌備立憲事宜，將一切關係仿行憲政事宜的行政權、立法權集於一身，進一步論證了對前文所述的憲政編查館的職權與地位。

上述籌備立憲事宜清單是在慈禧太后於光緒三十四年六月二十四日發布上諭，命憲政編查館王大臣奕劻總領辦理，同年八月初一日即發布中央各部院及地方各省實行。制定時間僅一月有餘，其中難免有所疏漏，僅看籌備事宜中所包括的中央各部院應行辦理事務，就只有資政院、度支部、民政部和學部四個部院，軍機處、宗人府和內務府也僅僅辦理滿漢關係及皇族事務，不占主要部份。此外，清廷的立憲計劃是在光緒四十二年，也就是在 1916 年定憲法開國會，宣統皇帝即位後，也發布諭旨，重申「仍以宣統八年為限」〔註 19〕實行憲政。然而在籌備立憲事宜清單發布之後，就有中央與地方大員上書請求早開議院組織責任內閣，到宣統元年各省諮議局組織開辦以後，諮議局中的立憲派人士三次聯名上書，甚至到京師請願早日定憲法開國會組建責任內閣〔註 20〕。宣統二年，資政院開院以後，資政院中的立憲派人士也加入了請願定憲法開國會的隊伍中來，最後，地方督撫中的開明人士以及海外華僑也加入了請願隊伍。迫於各方面的壓力，清廷不得已於宣統二年十月初

〔註19〕 上海商務印書館編譯所編，《大清新法令·第一卷》，商務印書館 2011 年版，頁 64。

〔註20〕 地方諮議局開辦以後，即有江蘇諮議局議長張謇發起諮議局聯合會，邀請各省選派代表，於是年諮議局閉會之後齊集上海，共同商討促請政府速開國會之道，由此開啟了諮議局立憲派人士三次大規模要求請開國會的請願活動。第一次請願發生在宣統元年十二月初十日，諮議局人士組織了以直隸諮議局議長孫洪伊領銜的「諮議局請願聯合會」，由都察院代遞《懇請速開國會呈》。對此，清廷發布上諭：「我國幅員遼闊，籌備既未完備，國民智識程度又未盡劃一，如一時遽開議院，恐反致紛擾不堪，適足為憲政之累」，於是，「俟九年預備業已完全，國民教育普及，屆時降旨定期召開議會」。第二次請願活動發生在宣統二年五月初十日，各省諮議局又組織了人數更多的「請願即開國會同志會」，又請都察院代遞速開國會呈，對此，清廷再次發布上諭「俟九年預備完全再定期召集議院」諭。然而，兩個月之後，請願人士又發起了第三次請願活動，並且聯合資政院、地方督撫、海外華僑等分別同時上書請開國會。參見，張朋園著，《立憲派與辛亥革命》，吉林出版集團 2007 年版；張玉法著，《清季的立憲團體》北京大學出版社 2011 年版；故宮博物院明清檔案部編，《清末籌備立憲檔案史料·下冊》，中華書局 1979 年版；上海商務印書館編譯所編，《大清新法令·第九卷》，商務印書館 2011 年版。

三日發布上諭：「著縮改於宣統五年，實行開設議院。先將官制釐定，提前頒佈試辦，預即組織內閣，迅速照《欽定憲法大綱》，編定憲法條款，並將議院法、上下議院議員選舉法，及有關憲法範圍內必須提前趕辦事項，均著同時並舉，召集議院以前，一律完備，奏請欽定頒行。〔註21〕」於是，原定九年的籌備立憲事宜被縮短爲六年。既然籌備立憲的期限被縮短了三年，那麼原定的至宣統八年完成的逐年籌備事項自然必須做出相應的修正。

二、籌備立憲事宜的增補與修正

（一）中央各部院增補籌備立憲應辦事宜

光緒三十四年八月初一日，發布逐年推行籌備立憲事宜諭，隨同該上諭發布的逐年籌備立憲事宜清單並未將於立憲有關的所有事宜全部列入，而且中央各部院中有一半多都沒有在清單之內，這不是說沒列入清單的部院就與籌備立憲沒有關係。爲此，清廷於光緒三十四年九月二十九日再次發布上諭：

> 查單開各衙門籌備事宜，係就與開設議院最關切近者而言，非謂未列單內之各衙門便可不受責成，逍遙事外。如外務部，職在考查外事，作養使材；吏部，職在變通選法，考核任用；禮部，職在修明禮教，移易風俗；陸軍部，職在鞏固國防，振興軍勢；農工商部，職在提倡實業，保守利權；郵傳部，職在深度形勢，統籌交通；理藩部，職在考查藩情，整飭邊務。皆與憲政息息相通，理應同時並進。即已入單內之民政部、度支部、學部、法部等衙門，尚多有未盡事宜。若顧此失彼，偏而不全，恐屆開議院之期，規模未備，致滋紛擾。著各衙門，統限六個月內，按照該館院前奏格式，各就本管事宜，以九年應有辦法分期臚列奏明，交憲政編查館會同覆核，請旨遵行，以專責成而杜遷延。〔註22〕

到宣統元年閏二月至宣統元年三月，郵傳部、農工商部、民政部、吏部、法部、學部、禮部、大理院、陸軍部份別將該部九年內應辦事宜開單呈請憲政編查館覆核備案以備考核。

〔註21〕上海商務印書館編譯所編，《大清新法令·第九卷》，商務印書館 2011 年版，頁 430。

〔註22〕上海商務印書館編譯所編，《大清新法令·第一卷》，商務印書館 2011 年版，頁 61。

其中外務部將預儲交涉人才，調查各國情勢，出使各國人員選任諸事詳加臚列；郵傳部將其所管轄的路政、電郵等與憲政相關者，開單羅列一百三十九項；農工商部之前已經編定公司律礦律，開辦工藝官局，至此又將其部所管與憲政有關之推廣農林、振興工商等事宜，以倡實業保權利爲宗旨，分調查、籌議、興辦、編製四類，舉一百二十八項；民政部將其部所管轄與憲政密切相關的，籌辦地方自治及地方巡警等未盡事宜開單臚列五十三項；陸軍部將該部官制、統計新舊各營及訓練新軍等事宜羅列開單；吏部將中央官制與地方官制未盡之員缺、遴選、考試、官俸考績等與憲政相關事宜，開單臚列三十六項；法部之前以交憲政編查館審查《各級審判廳試辦章程》〔註23〕、《各級提法司衙門官制》、《京師訴訟狀紙簡明章程》以及《司法警察及營翼地方辦事章程》彙報憲政編查館審核，至此又將與憲政有關之改良監獄，司法揀選，法官檢察官的考試任用官俸，及推行審判廳等事宜，開單臚列三十六項；學部將與憲政有關開啓民智之事宜，分爲普通教育與專門教育兩類，根據籌備立憲期限，臚列八十三項分期完成；禮部將於憲政有關之修書禮教酌開禮學館分期辦理；大理院將與憲政有關之完善審判制度、訊問制度、法庭建造、監獄改造、練習審判人才編輯判決錄等事開單臚列；理藩部將鞏固邊陲經營藩政等影響憲政諸事，在部內設調查編纂兩局籌辦預備〔註24〕。上述事宜，各部均逐年分期，定於宣統八年以前依次完成，並由憲政編查館按期審核。按憲政編查館王大臣奕劻所奏，就各部所列憲政籌備事宜，憲政編查館「督率考核專科各員，就各該衙門奏到籌備事宜，按部檢核，有未盡者曲爲引申，有過當者稍加限制，其有彼此互相關聯者，酌令同辦，有與籌備原單歧出者，指令更改。〔註25〕」

至此，爲籌備立憲事宜的統籌安排和定期完成，中央各部院均爲憲政編

〔註23〕試辦訴訟狀紙簡明章程》發布於光緒三十三年十月二十六日；《司法警察職務章程》發布於光緒三十三年十二月二十四日；《營翼地方辦事章程》發布於光緒三十三年十二月二十四日；《各級審判廳試辦章程》發布於光緒三十三年十月二十九日；以上章程均由法部起草，奏呈憲政編查館審核，然後發布施行。見上海商務印書館編譯所編，《大清新法令·第一卷》，商務印書館2011年版；懷效鋒編，《清末法制變革史料·上卷》，中國政法大學出版社2010年版。

〔註24〕參見，上海商務印書館編譯所編，《大清新法令·第九卷》、《大清新法令·第十卷》，商務印書館2011年版。

〔註25〕故宮博物院明清檔案部編，《清末籌備立憲檔案史料·上冊》，中華書局1979年版，頁56。P72。

查館所統領轄制，一切與憲政有關事宜，雖爲各部院分類辦理，但都需按照憲政編查館所頒程序，交由憲政編查館按期考核。於是，憲政編查館「憲政之樞紐」的地位更加明確，「權力匯總」之地位更爲加強。

（二）憲政編查館修正籌備立憲事項及籌備期限

宣統二年十月初三日，在各方面輿論的壓力之下，清廷發布上諭，縮改於宣統五年頒佈憲法、組織內閣、開設議院。既然籌備立憲時間從九年縮短爲六年，那麼原定籌備立憲清單亦應做相應的改變。於是，宣統二年十一月初五日，清廷發布上諭：「因縮改於宣統五年開設議院，業經降旨。……查『預備立憲逐年籌備清單』所開事宜，憲政編查館有專辦、同辦及遵章考核之責。現在，開設議院既已提前，所有籌備清單各項事宜，自應將原定年限分別縮短，切實進行。著憲政編查館妥速修正奏明，請旨辦理。〔註26〕」在此上諭發布後不久，清廷又於十一月二十四日發布上諭，著憲政編查館「將內閣官制一律詳愼纂擬具奏」。〔註27〕於是，由憲政編查館修訂原定爲九年籌備的立憲事宜，改爲六年完成。

新的籌備立憲清單自宣統二年開始，至宣統五年結束。具體情況如下：

宣統二年

  釐定內閣官制；釐定弼德院官制；頒布新刑律；續辦地方自治；

續辦各級審判廳；續辦八旗生計。

宣統三年

  頒佈內閣官制，設立內閣；頒佈弼德院官制，設立弼德院；頒

〔註26〕上海商務印書館編譯所編，《大清新法令・第十卷》，商務印書館 2011 年版，頁 2。

〔註27〕清廷發布上諭釐定內閣官制，也是來自於外界的壓力。如前文所述，組建責任內閣也是各省諮議局請願團進京請願的一個目的之一。後來資政院開院以後，曾因湖南諮議局公債案奏請裁撤憲政編查館，接著又發生了雲貴總督令鹽斤加價案以及廣西高等巡警學堂限制外省籍學生案，該地方諮議局奏請資政院裁決，資政院議決之後均上書皇帝請限制督撫權力，結果都被清廷中央交憲政編查館及各屬所部核議。於是資政院分別於第二十次和第二十四次院會，兩次議定上摺彈劾軍機大臣「責任不明難資輔弼」，最後竟以全體資政院議員辭職爲請，力求設立責任內閣。爲了緩和政府與資政院的緊張關係，清廷發布此上諭，著憲政編查館纂擬內閣官制。參見，《資政院議場會議速記錄》，李啓成校訂，上海三聯書店 2011 年版；張朋園《立憲派與辛亥革命》，吉林出版集團 2007 年版。

布施行內外官制；頒布施行各項官規；頒佈會計法；釐定國家稅、地方稅和各項章程；釐定皇室經費；頒佈行政審判法院，設立行政審判院；頒佈設計院法；頒佈民律、商律刑事民事訴訟律；頒佈戶籍法；彙報各省戶口總數；續辦地方自治；續辦各級審判廳；籌辦八旗生計。

宣統四年

頒佈憲法；頒佈皇室大典；頒佈議院法；頒佈上下議院議員選舉法；舉行上下議院議員選舉；確定預算決算；設立審計院；實行新刑律、民律、商律、刑事民事訴訟律；續辦地方自治；直省府廳縣城治各級審判廳一律成立；續辦八旗生計。

宣統五年

頒佈召集議員之詔；實行開設議院。〔註28〕

對比兩次籌辦憲政事宜清單，不難發現，新的籌備清單基本延續原清單所列事項。唯一的改變就是由憲政編查館負責，在宣統二年釐定內閣官制，在宣統三年設立責任內閣，這也是清末籌備立憲中最大的變化。這一改變是資政院行使其準議會的職權的結果，也是資政院與軍機大臣及軍機大臣領銜的憲政編查館之間職權紛爭的一個主要結果，後來憲政編查館與資政院的聯繫糾紛，以及最後被裁撤歸併內閣法制院都與此次修改籌備立憲事宜清單密切相關。但是，不論各方面力量的矛盾衝突如何，在清末籌備立憲的整個過程中，憲政編查館是作為籌備立憲的總設計師，規劃立憲進程、議定籌備事宜、審核立憲成果、推行立憲進程，無愧為「憲政之樞紐」。

第三節　設立配套機構保障立憲推行

如前所述，憲政編查館作為「憲政之樞紐」，是清末籌備立憲的權力匯總機構。光緒三十四年八月，憲政編查館制定了九年籌備立憲事宜清單，隨後該館又根據形勢的需要將籌備立憲清單補充修正。可見，憲政編查館是清末籌備立憲的總設計師。籌備立憲事宜先是以九年為限，後來又改為六年完成。籌辦事宜的負責機構在中央包括軍機處、內務府、宗人府、中央新設十一個

〔註28〕故宮博物院明清檔案部編，《清末籌備立憲檔案史料・上冊》，中華書局1979年版，頁56。P90。

部以及資政院，在地方包括二十二個行省的督撫，這些事宜有些是中央部院或地方督撫獨辦，有些是中央部院之間或中央部院與地方督撫同辦，最後所有的統計數據、編定法典、制定法規、自治施行，都必須由憲政編查館來總司其成。那麼如何協調各機構之間的關係，如何確保各機構按照預定的期限完成應辦事宜呢？對此，憲政編查館採取了設立分支機構協助憲政編查館行使調查和統計之職，設立考核專科定期考核中央各部院及地方各省憲政籌備情形，發行《政治官報》向全國定期彙報憲政籌備狀況。

一、設立分支合作機構協助憲政編查館工作

根據《憲政編查館辦事章程》，憲政編查館有「調查各國統計，頒成格式，匯成全國統計表及各國比較統計表之責〔註29〕」。然而統計政要等事務，是一個以全國二十二個行省為範圍的龐大的事務，它不僅需要各統計事項的專門知識，而且需要各地方的具體情形和相關數據。所以，在辦事章程中就賦予了憲政編查館一項特殊的權力：「本館調查各件，關係緊要，得隨時派員分赴各國各省實地考察。」然而，憲政編查館人員有限，隨時派員到各地去實地考察本不切合實際。那麼，如何才能做到在現有的憲政編查館的機構設置與人員編制的前提下，更完善得執行憲政編查館調查各省情形統計全國政要之責呢？對此，憲政編查館王大臣在奏摺中提出借鑒德國和日本在籌備立憲時的方法。根據之前的考察政治館的報告，德國和日本在籌備立憲的時候，就在中央設立總辦機構的同時，在地方設立分支合作機構，協調辦理憲政，「查德國法制局，中央既設本部，各邦復立支部，一司釐定，一任審查，故所定法規，施行無阻。中國疆域廣袤，風俗不齊，雖國家之政令，初無不同，而社會之情形，或多歧異。現在辦法，必各省分任調查之責，庶幾民宜土俗，洞悉靡遺。將來考核各種法案，臣館得有所據依，始免兩相牴牾。日本統計局，則分三級以任調查。其第一級為町村，第二級為郡市，第三級為府縣。層遞求祥，乃臻完密。」於是，憲政編查館大臣奕劻在奏摺中所說：「臣等再四籌商，以為僅恃由京派員之法，蒐採恐多闕漏，若委諸外省，而委專員經理，期日必致遷延，惟有仿東西各國成法，令各省分設調查局，以為臣館編製法規、統計政要之助。開辦之始，必須事事先求其簡明確實，斷不可參以

〔註29〕故宮博物院明清檔案部編，《清末籌備立憲檔案史料·上冊》，中華書局1979年版，頁48。

虛飾之詞，敷衍之見，乃可望由疏而至密，袪僞以存眞。即由各省疆臣，注重講求，遴選委員，實地考察，隨時編列，匯交臣館，俾中外聯爲一氣，報告不爲具文，於臣館奏設兩局應辦之事，始有把握。」〔註30〕在前文所述憲政編查館主體機構之外，在中央各部院及地方各省設立憲政編查館的分支合作機構，以調查研究、統計政要爲主要職責，配合憲政編查館的工作。

在清末籌備立憲期間，在中央各部院和地方各省設立的分支合作機構包括以下幾種〔註31〕：

第一，各部院統計處

各部院綜理全國各項專門政務。爲了使得全國統計事宜更切實辦理，根據光緒三十三年九月十六日上諭，著各部院設立統計處，由該部院堂官派定專員，將全國各省的統計數據匯總，按照憲政編查館所定表式詳細臚列，向憲政編查館奏報。〔註32〕

第二，各省調查局

憲政編查館負責編纂法典及統計政要，一切與編纂法典、統計政要有關的各省民情風俗、統計數據均由各省調查局調查統計，匯奏中央各部門匯總，再奏報憲政編查館。爲配合憲政編查館工作，根據光緒三十三年九月十六日上諭，著各省設立調查局一所，專任憲政編查館一切調查事件，由該省督撫管理主持。調查局仿照憲政編查館機構模式，設法制、統計兩科，各科下設三股。法制科負責調查民情風俗、民商事和訴訟習慣，以及其他該省應辦與憲政有關事件；統計科，配合中央部院，統計該地方的民政、財政、司法、實業等事項。〔註33〕

第三，憲政籌備處

憲政籌備處最早爲直隸總督楊士驤在其署衙設立的辦理直隸地區憲政事宜的機構，後來清廷中央發布上諭，著各省推廣，一體遵行。宣統元年閏二月，直隸總督楊士驤上摺清廷中央：「議院未開以前，各省應行籌備各事，條

〔註30〕 故宮博物院明清檔案部編，《清末籌備立憲檔案史料・上冊》，中華書局1979年版，頁52。

〔註31〕 分支機搆和主體機構一起組成了憲政編查館的辦事機構。參見附錄1，憲政編查館組織機構圖。

〔註32〕 故宮博物院明清檔案部編，《清末籌備立憲檔案史料・上冊》，中華書局1979年版，頁52。

〔註33〕 上海商務印書館編譯所編，《大清新法令・第四卷》，商務印書館2011年版，頁529。

理甚繁，非有總匯綱領之區，不足以資考核而免貽誤。擬就臣署設一專辦處，名曰憲政籌備處，遴派提調、科長、科員遵照九年籌備章程，各按期限專辦。本省各主管官廳所遵辦事件，統由該處隨時考查。」當日，清廷中央就下諭旨：「一切預備憲政事宜，皆當切實籌辦，以期依限無誤。俾作各省模範，切勿鬆懈。」〔註34〕後來，除了地方督撫均在其署衙設立以外，中央各部院包括法部、農工商部、學部、內務府、郵傳部、民政部、理藩部也均在宣統二年正月至二月間，在其部設立憲政籌備處，管理本部的籌備憲政事宜。

第四，地方會議廳

會議政務廳其設立情形與憲政籌備處相同，都是由直隸總督楊士驤在其署衙先行設立，奏報中央，然後在各省推行。設立會議廳的目的在於通過設立會議廳，就地方籌備立憲及自治事宜定期集議，形成議案，交付諮議局討論，進而輔助該地方完成籌備憲政事宜〔註35〕。

以上幾個機構，都是直接從各部院或各省督撫署衙內直接成立，在編制上屬於各部院或各省督撫，在職能上以憲政編查館制定的籌備立憲事宜中，各部院或各督撫所應負責的統計或調查事務為主。這樣在不增加憲政編查館編制的前提下，既能協助憲政編查館做具體的工作，又能使得各部院及地方各省在籌備憲政工作中能專司其事，而不至於貽誤遷延。而且，隨著籌備立憲事宜的深入，這幾個機構不僅在配合憲政編查館的調查和統計工作，而且使得各部院及地方各省有專司機構完成九年籌備立憲事宜中與該衙門有關的工作。如此，憲政編查館主體機構與中央各部院及地方督撫相應的分支機構協調合作，使得清末仿行立憲的推行有統有分，使得憲政編查館的職權得以更好的行使，保障了籌備立憲工作有專司其則的執行機關，同時也更加增強了憲政編查館作為「憲政樞紐」、權力匯總機構的地位。

二、設立考核專科按期考核籌備立憲情形

在光緒三十四年八月初一日，清廷中央發布《九年預備立憲逐年推行籌備事宜上諭》時，即在該上諭授中權憲政編查館設立考核專科，以逐年按期考核中央各部院及地方督撫的憲政籌辦情形，防止在仿行立憲事宜中出現欺上瞞下，敷衍遷延的情況出現，根據該諭旨：

〔註34〕《清實錄》，《宣統政紀》卷十。中華書局 1987 年影印版，頁 180。
〔註35〕《清實錄》，《宣統政紀》卷十。中華書局 1987 年影印版，頁 179。

至單開逐年應行籌備事宜，均屬立憲國應有之要政，必須秉公認眞次第推行。著該館院（憲政編查館）將此項清單，附於此次所降諭旨之後，刊行謄黃，呈請蓋用御寶，分發在京各衙門，在外各督撫、府尹、司道，敬謹懸掛堂上，即責成內外臣工遵照單開各節依限舉辦。每屆六個月，將籌辦成績臚列奏聞，並啓報憲政編查館查核。各部院領袖堂官、各省督撫及府尹，遇有交替、接任人員應會同前任將前任辦理情形，詳細奏明，以期各有考成，免涉諉卸。凡各部及外省同辦事宜，部臣本人有糾察外省之責，應嚴定殿最分別奏聞。並著該館院王大臣奏設專科切實考核。倘有逾限不辦，或陽奉陰違，或有名無實，均得指名據實糾參，定按溺職例議處。該王大臣等若敢扶同諱飾，貽誤國事，朝廷亦決不寬假。〔註36〕

可見，清廷中央對籌備立憲的安排是自光緒三十四年八月起，至公佈憲法、開設議院、組織責任內閣止，以六個月爲一屆〔註37〕，逐年考核籌備立憲的情形。憲政編查館作爲憲政之樞紐，權力匯總機構，統率全國憲政事宜，其職權和地位再一次得以加強。

光緒三十四年十二月十一日，前述上諭發布後不久，憲政編查館王大臣奕劻即領銜奏請在憲政編查館內設立考核專科，並擬定考核專科章程，該章程共六條，內容包括考核專科的編制，職權，人員和考核辦法等。

考核專科的編制和職權：考核專科設在憲政編查館內，負責考核九年限內議院未開以前京外各衙門各項應行籌備事宜。

考核專科的人員：上承憲政編查館館提調，下設總辦一人、幫辦二人管理該科事務；總辦幫辦下設正科員和副科員若干，負責具體事務；憲政編查館編製局和統計局兩局局長，均派兼任考核專科會辦差使，以便內部事務的聯合統一；所有考核專科奏咨文牘，由總辦、幫辦偕同科員詳愼擬草，送由提調核奪辦稿，最後呈憲政編查館王大臣核定，分別奏諮施行。

考核辦法：以六個月爲一屆分期考核，自光緒三十四年八月起至十二月底止爲第一屆，以後每年六月底暨十二月底各爲一屆。按照這個辦法每年考

〔註36〕上海商務印書館編譯所編，《大清新法令·第一冊》，商務印書館 2011 年版，頁 59。

〔註37〕在籌備立憲事宜清單修正以前，共 17 屆；後來籌備立憲清單修正以後，共 11 屆。

核兩次，第一次各部門於二月內向憲政編查館奏報預辦事宜清單，該館查核所報是否符合籌備立憲清單的規定，然後於該年十月內各分別將籌辦成績臚列匯奏；第二次，於八月內奏報清單，到第二年四月內將籌辦成績臚列匯奏。

考核結果：如有逾限不辦，或陽奉陰違，或有名無實，即由館指明據實奏參。如辦理稍有未協，由館分別奏諮，指令更正〔註38〕。對於逾限不辦，陽奉陰違，有名無實者，著憲政編查館奏報中央以溺職例議處。憲政編查館總司考核，其王大臣若有包庇隱瞞不報以致貽誤籌備立憲期限的，也將議定處罰〔註39〕。

（一）分期考核憲政施行

按照《考核專科章程》的規定，中央各部院及地方各省按期將籌辦憲政情形臚列奏報憲政編查館，由該館考核專科考核實施成績。考核以每六個月為一屆，每屆開辦以前，由各衙門將本屆應辦事宜奏報憲政編查館查核，審議後實施。自光緒三十四年八月初一日發布逐年籌備立憲清單後，至清廷覆亡以前，共實行了六屆，考察並奏報的考核結果的有四屆。下面我們將每屆的籌辦及考核情形分次陳述。

第一屆。本屆籌辦時間自光緒三十四年八月至該年十二月，考核時間為宣統元年四月。本屆應辦事宜包括頒佈章程三項，籌辦諮議局一項，編定法典兩項，編輯課本兩項，籌辦八旗生計一項。其中，除編定課本和編定律典外，其餘諸項必須在本屆完成。總體成績如下：

變通旗制處，光緒三十四年十一月二十四日設立；

民政部調查戶口章程，光緒三十四年十二月初十日頒佈；

度支部清理財政章程，光緒三十四年十二月十五日頒佈；

城鎮鄉地方自治章程及選舉章程，光緒三十四年十二月二十七日頒佈；

考核專科在考核之後的考語中說：「上年八月至十二月底，第一屆限京內外各衙門應辦各事，如設立變通旗制處、頒佈城鄉地方自治章程、調查戶口章程及清理財政章程，應由軍機處憲政編查館暨民政部度支部等分別籌辦者，均已遵限奏明請旨，辦理在案。至學部編輯簡易識字暨國民必讀各課本，

〔註38〕 故宮博物院明清檔案部編，《清末籌備立憲檔案史料》，中華書局 1979 年版，頁 67～71。

〔註39〕 參見，故宮博物院明清檔案部編，《清末籌備立憲檔案史料》，中華書局 1979 年版，頁 69。

修訂法律大臣編定民律、商律、刑事民事訴訟律等法典，各省督撫籌辦諮議局，照清單內本非限於第一屆內應行頒佈成立之事，現已各據所奏諮，正在分別舉辦，各項尚於期限無誤。〔註40〕」

第二屆至第三屆。第二屆籌辦時間自宣統元年一月至六月，第二屆為籌備立憲第二年的上半年；第三屆籌辦時間自宣統元年七月至十二月。第三屆為籌備立憲第二年的下半年。

本兩屆應辦事宜中，舉行頒佈共六項，分別為舉行諮議局選舉、頒佈法院編制法、頒佈資政院章程、頒佈廳州縣地方自治章程、頒佈簡易識字課本和國民必讀課本；編定釐定三項，分別為釐定京師官制、編定文官考試章程任用章程官俸章程、核定新刑律；調查兩項，調查各省人口總數、調查各省歲出入總數；籌辦三項，分別為城鎮鄉地方自治設立自治研究所、籌辦各省省城及商埠等處各級審判廳、籌辦廳州縣巡警。其總體成績如下：

關於諮議局選舉一項

根據第一屆考核結果，雖非該屆應辦之事，但各省已經分別舉辦，「惟新疆撫臣聯魁，以諮議局選舉一節施之新疆人民，品類既異，尚乏合選舉資格之人，勉強行之亦恐成效難睹，酌擬變通辦法。」憲政編查館的回覆為「將應辦事宜於三年內急為籌辦，屆舉行（諮議局）第二次選舉之期即應如期照辦」。〔註41〕所以，到了第二屆第三屆考核的時候，各省諮議局舉辦情況，除新疆一省外「其餘各省均據報明，已於九月初一日一律開辦，則六月前（第二屆）籌備（諮議局選舉），自應無誤。」

關於資政院選舉及地方自治事項

資政院章程，宣統元年七月初八日頒佈；

資政院議員選舉章程，宣統元年九月十三日頒佈；

城鎮鄉地方自治研究所章程，宣統元年三月十六日頒佈；

京師地方自治章程，宣統元年十二月二十四日頒佈；

京師地方自治選舉章程，宣統元年十二月二十四日頒佈；

府廳州縣地方自治章程，宣統元年十二月二十七日頒佈；

〔註40〕上海商務印書館編譯所編，《大清新法令·第五卷》，商務印書館 2011 年版，頁 409。

〔註41〕上海商務印書館編譯所編，《大清新法令·第五卷》，商務印書館 2011 年版，頁 409。

府廳州縣議事會員選舉章程，宣統元年十二月二十七日頒佈。

關於學部普及教育編定課本推行學塾事項

學部奏定簡易識字學塾章程，宣統元年十一月二十九日；

學部箚發簡易識字學塾課本樣式；宣統元年十二月；

學部奏定簡易識字課本，宣統元年十二月二十八日；

學部奏定國民必讀課本，宣統元年十二月二十八日；

戶口調查及統計事項

民政部奏定京師調查戶口規則、民政部奏定調查戶口執行法、戶口調查總薄填載式、調查戶口館員遵守規則，宣統元年正月；

民政部奏定第一次調查人口總數，宣統元年十二月十八日；

度支部奏請該部設立清理財政處各省設立清理財政局，宣統元年二月三十日；

度支部奏定調查財政條款（調查各省藩運等庫存儲實數款目、調查全省歲出入細數款目、調查各省府廳州縣歲入歲出款目、調查各省官銀錢號資本營業款目），宣統元年九月；

度支部奏定各省歲出入款項總數，宣統元年十二月二十三日。

關於法典司法巡警事項

法院編制法，宣統元年十二月二十八日頒佈；

各級審判廳試辦章程，光緒三十三年十月二十九日頒佈；

補訂高等以下各級審判廳試辦章程，宣統元年七月初十日頒佈；

擬定各省城及商埠各級審判廳籌辦辦法，宣統元年七月；

民政部奏定內外城巡警各項規則，宣統元年七月；

以上是第二年中央各部院及地方各省籌備憲政的成績。

根據考核專科第二屆及第三屆考核結果，在籌辦城鎮鄉地方自治事宜中，直隸籌辦最早，於光緒三十二年即已設立研究所，並在天津試辦。廣西於光緒三十三年即設全省自治局，將全省分為三區，籌辦自治。「這兩省在籌辦地方自治中成績最為可觀，其餘各省亦均按照章程，循次進步，屆限當可期成立。」調查人口總數事宜，經民政部通諮各省，限於年內十月報送民政部，也已著手開辦。調查歲出入總數事宜，度支部於該部和各省設立財政處和財政局，其中廣東和江蘇辦理最速，其他各省亦在陸續辦理。國民必讀課本及簡易識字課本，以山東、江蘇、山西先行暫編課本。其他各省均在籌備；

巡警事宜，直隸最早，規模初具；籌辦各級審判廳事宜，以吉林、黑龍江天津辦理最早，其餘各省已將辦理情形通諮在案。其他事情均已次第開辦。結合上列各項事宜籌辦成績，可知第二屆係爲爲第三屆籌辦做準備工作。至宣統元年十二月，第三屆考核之時，本年所辦十四項事宜，均卓有成效，凡是於該年必須完成事宜，均已發布辦理章程、奏定辦理細則，已如前述。

第四屆。第四屆籌辦時間自宣統二年一月至宣統二年六月。本年應辦事宜爲十四項。本年籌備事宜中，除了資政院選舉開院已於上屆諮議局互選與欽選議員籌備完畢，按照資政院議奏，將於本年九月一日正式開院議事。其他如地方自治的推行，地方司法的完善以及統計政要等項，均爲前幾屆的繼續。

根據憲政編查館考核專科的考核，由憲政編查館所負責的官員考試章程任用章程官俸章程等，因官制尚未釐定，任用章程官俸章程無所依據，奏請將釐定官制提前，屆期再將頒佈各章程。與城鄉自治事宜上，各省辦理情形中，四川最優，江西湖北陝西次之，廣西又次之；除湖南因亂事甫定，奏請將暫緩辦理〔註42〕，其餘各省或已指定各地方及辦理選舉情形分別奏報，或如吉林、黑龍江、安徽、新疆等省，奏請分年分級辦理，當可依限辦理無誤。與教育有關的推廣廳州縣簡易學塾事宜，各省均逐漸推廣開辦，只有安徽、貴州、新疆三省成立較少，憲政編查館請旨嚴飭該省撫臣認真辦理。其綜合比較，自治、巡警兩項，以四川爲較勝，識字學塾一項以直隸浙江湖北三省人數最多，審判一項，以奉天、吉林、黑龍江成立較早，其餘京外各衙門尚能照章辦理。〔註43〕

第五屆。第五屆籌備時間自宣統二年七月至十二月。此屆辦理事宜由於在宣統二年修正了籌備立憲清單。籌備清單中最大的改動爲釐定內閣官制及弼德院官制，其他如頒布新刑律、籌備地方自治、地方審判廳和八旗生計等均爲原清單的繼續。

其中，新刑律草案於宣統二年十月初四日經憲政編查館核定後，交由資政院議決，資政院於該年十二月將新刑律總則逐條議決，《分則》已開院討論，因「延會期滿，未克議畢。」〔註44〕釐定內閣官制及弼德院官制也由憲政編

〔註42〕此處所指爲宣統二年三月間湖南省長沙等地饑民搶米案，見第一歷史檔案館編，《辛亥革命前十年民變檔案史料》，中華書局1985年版，頁426。

〔註43〕故宮博物院明清檔案部編，《清末籌備立憲檔案史料・上冊》，中華書局1979年版，頁87。

〔註44〕上海商務印書館編譯所編，《大清新法令・第十卷》，商務印書館2011年版，頁248。

查館和會議政務處限期辦理。

第六屆，第六屆為宣統三年一月至六月。根據修正的籌備立憲清單，第六屆改定的事宜，主要有頒佈內閣官制、設立內閣，頒佈弼德院官制、設立弼德院；頒布施行內外官制及各項官規。

其中，宣統三年四月初十日，憲政編查館與會議政務處會奏內閣官制，並擬定《內閣官制章程》十九條及《內閣辦事暫行章程》十四條。根據奕劻等會奏，「國務大臣責任所負，當用對於君上主義，任免進退皆在朝廷，」「議院有彈劾之權，而不得干黜陟之柄〔註45〕」。同日，清廷即發布上諭頒佈內閣官制及內閣辦事章程，任命奕劻為內閣總理大臣，那桐徐世昌為內閣協理大臣，組織向皇帝負責的責任內閣〔註46〕。

同日，憲政編查館與會議政務處會奏弼德院官制，並擬定《弼德院官制章程》二十四條，將弼德院設置為「皇帝親臨顧問國務之所。設院長一人，副院長一人，顧問大臣三十二人，均著以有勳勞及富有政治上學識經驗者任之。」〔註47〕當日，清廷發布上諭著陸潤庠為弼德院院長，榮慶為弼德院副院長。

在設立責任內閣及新內閣官制發布的同時，清廷亦發布上諭，「業經降旨設立內閣，所有舊設之內閣、軍機處、會議政務處，著即一併裁撤。」〔註48〕。之後，在該年五月二十七日，新任內閣大臣奕劻即奏請設立內閣屬官官制及內閣法制院官制。

根據以上資料，自光緒三十四年八月至宣統三年五月底，在憲政編查館的統率下，通過該館編製局、統計局和考核專科的執行與督飭，清末憲政籌備事宜得以按照九年籌備立憲以及後來改定的六年籌備立憲事宜穩步進展。在整個過程中，憲政編查館根據形勢的變化和立憲的需要，隨時調整立憲步驟，督促各項事宜的推行。其中，新刑律在修訂法律館編纂和憲政編查館核議下送交資政院議決；地方各省諮議局得以按期召開，各省地方巡警、

〔註45〕故宮博物院明清檔案部編，《清末籌備立憲檔案史料・上冊》，中華書局 1979 年版，頁 559。

〔註46〕故宮博物院明清檔案部編，《清末籌備立憲檔案史料・上冊》，中華書局 1979 年版，頁 566。

〔註47〕故宮博物院明清檔案部編，《清末籌備立憲檔案史料・上冊》，中華書局 1979 年版，頁 570。

〔註48〕上海商務印書館編譯所編，《大清新法令・第十一卷》，商務印書館 2011 年版，頁 274。

地方自治研究所等機構的建立，使得地方自治得以開始籌辦；法院編制法及各級審判廳的建立使得新的司法審判體系得以建立；簡易識字課本、國民必讀課本及簡易識字學塾的建立促進了國民教育的發展；全國的人口及賦稅也在民政部及度支部統計處的工作中得取得階段性成果；最後資政院也於宣統二年按照預定的時間開院議事，而在資政院、地方諮議局和各省督撫的聯合推動下，清廷也於宣統三年發布新內閣官制，組織責任內閣，至此憲政編查館的職權分散到內閣屬官及內閣法制院，到後來辛亥革命的爆發，使得憲政編查館監督統率的清末籌備立憲中止。可見，在這不到四年的短暫的存續時間裏，憲政編查館作為清末憲政的樞紐，其工作雖然不是面面俱到無可挑剔，但總體上可以說完成了設計該機構的預期要求，為清末立憲的推行做了大量的基礎性工作。

（二）派員實地考察各省籌備憲政情形並給予獎懲

以上由中央各部院及地方各省按期將籌辦憲政情形臚列奏報到憲政編查館，由該館考核專科依據籌備立憲清單考核。由於考核專科的考核均根據中央各部院及地方各省奏報的情形為依據。中央各部院如民政部、度支部也多以地方各省奏報的數據為基礎做出統計。所以，地方各省奏報情形是否完全屬實，就存在繼續考核的必要。為此，憲政編查館於光緒二年四月二十日，派該館館員候補四品京堂陸宗輿（編製局副局長）、候補四品京堂林炳章（考核專科正科員）、掌安徽道監察御史黃瑞麒（總務處科員）、翰林院秘書郎劉福姚（編製局科員），分赴東三省、直隸、山東、陝西、河南、湖北、江西、安徽、江蘇、浙江、福建、廣東等省，考察籌備憲政事宜的切實情形。各員分赴各地考察事，凡「省會、商埠，暨經過繁盛城鎮，一一調查案件，博採輿論，匯錄成冊」，隨後，將「各省實在情形呈報到館」，憲政編查館再詳細覆核，將「各省彙報成績，證以該員等所列事實」。〔註49〕

根據憲政編查館的要求，考察各員分赴各省，就開設諮議局、籌辦地方自治、推廣巡警、調查戶口、籌辦各級審判廳、調查歲出入總數及試辦預算、創設簡易識字學塾等八項進行了考察。具體情形如下表〔註50〕：

〔註49〕 故宮博物院明清檔案部編，《清末籌備立憲檔案史料‧下冊》，中華書局 1979年版，頁 796。

〔註50〕 故宮博物院明清檔案部編，《清末籌備立憲檔案史料‧下冊》，中華書局 1979年版，頁 798。

籌辦事項	最　優	最　差（或存在問題）	具體情形
諮議局		部份地方有諮議局與該省督撫因議案的准否問題發生爭執〔註51〕，請憲政編查館照諮議局章程給予解釋。	各省諮議局均已於上年成立，現在局舍，均由公家撥款建築，江蘇、浙江、湖北、廣東均已落成，其餘各省明年春季可一律竣工。
籌辦地方自治	直隸創辦最早，已具有廳州縣自治規模；現有自治預備會八十一處，自治研究所一百二十八處，學員三千四百餘名。浙江、江蘇等省亦辦理較速。		山東、江西、安徽、福建、廣東城自治均有規模，鄉鎮限明年成立議事會。東三省、山西、河南、湖北等地也在加速辦理。
推廣巡警	直隸在天津保定兩地最先開辦，東三省組織亦頗完善，江西辦理亦有精神，廣東籌劃周詳頗稱完備。	廣東浙江兩地有駢枝機構，應裁撤。江蘇省城巡警教練所，至今仍未開辦。	其餘各省，循序布置，亦尚可觀。惟各省辦理警政，已歷經年，現惟省會、商埠規模尚有，至外州縣，呈報大率因陋就簡，名不副實。
調查戶口	東三省清查戶籍，尚屬認真，奉天尤稱詳密。	江蘇分蘇、寧兩屬，巡警道轄地僅及蘇屬，責任不專，現在只有省會查竣，較各省辦理稍遲。廣東之大埔、新安兩處，其肇釁尤甚，其有所任非人之故。	其餘各省戶數，大致均已查竣，現正接續辦理。
籌辦各級審判廳	直隸在天津最早開辦，東三省業已次第成立，廣東最為美善。	江蘇一省敷衍。湖北、福建暫就地方官署設各級審判廳，非司法獨立之本意，令另行組織。	其餘各省依次進行，尚可不誤期限。各省各級審判廳建築，奉天、吉林、山西業經完竣，直隸、山東、河南、湖北、浙江、廣東，約計年內竣工。

〔註51〕地方諮議局與地方督撫的矛盾在湖南、浙江、廣西等地都有發生，其中湖南諮議局與湖南巡撫的矛盾還引起了資政院與憲政編查館的權限糾紛。見後文第五章。

籌辦事項	最　　優	最差（或存在問題）	具體情形
歲出入總數及試辦決算		河南比較總數，尚未算結。	各省清查上兩年出入總數，均已高竣。現各省預算冊，均經達部，用款名目，各分門類，收支弊混，逐漸清釐。
創設簡易識字學塾	直隸、河南最優。直隸已設學塾一千八百二十六處。	江西因奉到課本甚遲，僅於省城設立十處，外州縣尚未開辦。	其餘各省，多寡不同，尚在次第推廣。

　　以上是憲政編查館考察派員到地方行省考察憲政情形。考察人員四月出發至各省考察，至十月左右回京，考察時間歷半年之久。考察之後，各考察人員將所考察各省籌辦憲政的情況，分優劣向館內彙報。很顯然，各省籌備憲政情形「程度未能齊一，瑕瑜不免互現。其主管各員，或有實心任事者，亦有奉行具文者。」於是，憲政編查館王大臣即根據考察情形奏請「分別勸懲」。

　　宣統二年十一月十三日，清廷中央既發布上諭：

> 奉天民政使張元奇、提法使吳鈁、遼陽州知州史紀常、鐵嶺縣知縣徐麟瑞、直隸提學使傅增湘、河南提學使孔祥霖、廣東布政使陳夔麟、山東巡警道潘延祖、山西太原府知府周渤、吉林試署西南路道前署吉林府知府李澎恩、農安縣知縣壽鵬飛、黑龍江署龍江知府黃維翰、江蘇候補道夏敬觀、江西候補知府黃立權、浙江候補知縣梁建章、谷鍾秀，具能實事求是，尚有成績可觀，均著傳旨嘉獎。

> 福建興泉永道郭道直、辦事竭蹶，精神不及，於巡警禁煙各要政，率多有名無實，著即行開缺。河南巡警道蔣懋熙，辦理警務未能擴張整頓，著開缺另補。直隸天津縣知縣胡商彝，諸事廢弛，斂錢肥己，每年所收陋規為數頗巨，調查戶口復欲向民間苛斂，以致民怨沸騰，著即行革職。〔註52〕

　　可見，清末籌備立憲在憲政編查館的統籌規劃和督飭考核中，並非形同虛文，其在規劃、督飭、考核等事宜上，確實起到了「憲政之樞紐」的地位，而清末憲政籌備也在該館的統率下，著有成績。

〔註52〕故宮博物院明清檔案部編，《清末籌備立憲檔案史料‧下冊》，中華書局1979年版，頁801。

三、發行《政治官報》宣傳立憲

在籌備立憲期間，憲政編查館編定立憲綱領，制定籌備清單，奏設分支機構輔助推行立憲工作，此外，還發行《政治官報》對仿行立憲進行宣傳，將籌備立憲工作的推行及籌備立憲事宜的進展在全國範圍內進行宣傳，這對推進立憲的進展以及統一輿論均有不可磨滅的作用。

清廷於光緒三十二年七月十三日發布上諭仿行立憲。然而，自上諭發布之後，關於清廷立憲的真實性就有人發出疑問。其中，新派刊物《醒獅》〔註53〕即上發表文章《清太后之立憲談》，認為清廷的立憲虛偽與不可能。旅日留學生、資產階級革命派代表陳天華在其大作《警世鐘》中奉勸世人莫要相信清政府的所謂新政，他認為：「清政府稍稍行了些皮毛新政，不過藉此掩飾掩飾國民的耳目，討討洋人的喜歡罷了；不但沒有放了一線光明，那黑暗反倒加了幾倍。」〔註54〕又有人上書當時坐鎮「第二政府之天津」（梁啟超語）的袁世凱，認為：「清太后之立憲，實清太后愚民之術也」。〔註55〕此外，又有很多人認為，清政府之立憲，不過「遷延」二字而已。針對這些議論，御史趙炳麟認為「朝廷用人行政，國人無由研究，全恃私家報紙窺見崖略，而私家報紙有聞即錄，語焉不詳，往往失立法行政之真意，甚或捏造謠言，是欲掩天下耳目，適以亂天下耳目」〔註56〕。可見，發布官方報紙宣傳立憲，扭轉輿論的導向，對清廷立憲的推行，尤其是立憲的成功，有非常重要的作用。

其實，早在光緒三十二年，御史黃昌年即奏請發布政治專書將「政務處、練兵處、學務及銀行、鐵路、礦務、電線，一切舉行要政」「刊刻告示」。同年，御史趙炳麟也奏請在政務處設官報局，陳述發行政治官報的作用「立法行政，公諸國人，其法善也，人皆知其善而守之，於是不令而行，其法不善也，人皆知其不善而救之，於是挽回亦速。〔註57〕」而且，清廷中央

〔註53〕《醒獅》，為晚清時期革命派的主要刊物之一，於 1905 年 9 月創刊於日本，刊物形式為月刊，共出五期，在日本東京印刷出版，由東京中國留學生會館總發行。見本文第一章前引注釋。

〔註54〕轉引自張晉藩著，《中國憲法史》，吉林人民出版社 2004 年版，頁 74。

〔註55〕轉引自李劍農著，《戊戌以後三十年中國政治史》，中華書局 1965 年版，頁 65。

〔註56〕故宮博物院明清檔案部編，《清末籌備立憲檔案史料·下冊》，中華書局 1979 年版，頁 1059。

〔註57〕故宮博物院明清檔案部編，《清末籌備立憲檔案史料·第二冊》，中華書局 1979 年版，頁 1059。

也認識到預備立憲最重要的問題之一就是鍛鍊國民的資格，軍機王大臣奕劻就在奏摺中指出，預備立憲最重要的就是要「造成國民之資格」，「使紳民明悉國政，以爲預備立憲基礎」，「東西各國開化較遲而進化獨速，其憲法成例乃至上下一體，氣脈相通，莫不借官報以爲行政之機關，是以風動令行，纖悉畢達。或謂英國民人政治智識最富，故其憲法程度最高，蓋收效於官報者非淺鮮也！〔註58〕」於是，在光緒三十三年三月初五日，考察政治館王大臣奕劻即奏請由考察政治館發行官報。是年七月五日，考察政治館改爲憲政編查館，正式在憲政編查館內設立官報局，由華世奎任局長，傅範初任編務，將「國家政治文牘」「每日發行」。《政治官報》自此正式發行，於九月二十日發行第一期。而且，奏請發行《政治官報》時，憲政編查館王大臣奕劻在奏摺中指出：「凡經官報揭載者，人民於法律上，即可據爲準則。」可見，《政治官報》還具有法律效力。後來直至宣統三年，設立責任內閣，憲政編查館被裁撤，《政治官報》也改爲《內閣官報》，由內閣印鑄局負責辦理。

根據官報章程第三條規定，「《政治官報》先出日報一種，將每日發抄諮送到館文件，依類登陸」，除「軍機、外交秘密不宣外，凡由軍機處發抄，暨內外各衙門具奏事件，隨時錄送到館，以備登載」。根據學者統計，《政治官報》刊登內容中諭旨宮抄轅抄占 4.65%，章奏占 69.77%〔註59〕。根據該章程第五條規定：「無論官民，皆當購閱，以擴見聞。除京內外各衙門暨各省督撫衙門，由館分別寄送外，其餘京師購閱者，由館設立派報處，照價發行，外省司道府廳州縣及各局所學堂等處，均由館酌按省份大小，配定數目，發交郵局寄各省督撫衙門，分派購閱。」〔註60〕作爲中國歷史上第一份由中央政府將國法律制度與政治事件逐日刊登的報紙，在推進和宣傳清末立憲的同時，它徹底改變了傳統中國「民可使由之、不可使知之〔註61〕」，「民不可與慮始、而可與樂成〔註62〕」的歷史。

〔註58〕故宮博物院明清檔案部編，《清末籌備立憲檔案史料·第二冊》，中華書局 1979 年版，頁 1060。
〔註59〕李斯頤，《清末十年官報活動概貌》，《新聞與傳播研究》1991 年第 3 期。
〔註60〕故宮博物院明清檔案部編，《清末籌備立憲檔案史料·第二冊》，中華書局 1979 年版，頁 1062。
〔註61〕楊伯峻，《論語譯注》，中華書局 1980 年版，頁 81。
〔註62〕蔣禮鴻，《商君書錐指》，中華書局 1986 年版，頁 2。

本章小結

　　本章主要描述憲政編查館在清末立憲中的工作。按照清廷仿行立憲的設計，立憲要「大權統於朝廷，庶政公諸輿論」。在這一原則的指導下，憲政編查館派員赴東西洋考察憲政，編纂憲法大綱，確立立憲綱領。在此基礎上，該館以統率的地位和總設計師的身份，制定籌備立憲清單，分配中央各部院及地方各省在立憲籌備過程中的具體工作，並設立機構配合立憲的實行與督導，按年分期考核各機構立憲的實績，宣傳立憲的進程，推進了清末立憲的實行。

第四章　憲政編查館與清末修律

第一節　統一修律事權擬定修律辦法

　　清末的法律修訂自光緒二十六年發布變法上諭時就開始了。光緒二十六年十二月初十日，慈禧太后以光緒皇帝的名義發布上諭：「世有萬古不易之常經，無一成不變之治法」，隨即設立督辦政務處辦理一切變法因革事宜，由此開啓了清末十年法制改革的歷史。變法之初，以兩江總督劉坤一和湖廣總督張之洞於光緒二十七年六月初五日會奏變法第三摺提出的「採西法以補中法之不足」為主要依據，以定「定路律、礦律、商律、交涉刑律」為主要內容。是年八月二十日，慈禧太后發布諭旨：「據劉坤一、張之洞會奏，整頓中法、仿行西法各條，事多可行。即當按照所陳，隨時設法擇要舉辦。〔註1〕」第二年四月初六日，清廷發布上諭，「現在通商交涉事宜繁多，著派沈家本、伍廷芳將一切現行律例，按照交涉情形，參酌各國法律悉心考訂，妥為擬議。務期中外通行，有俾治理。〔註2〕」由此，以沈家本和伍廷芳為主要負責修律大臣的清末修律開始了。這一階段的修律活動以刪定舊律和編定單行法為主。到光緒三十二年七月十三日，清廷發布上諭仿行立憲，第二年，清廷又設立憲政編查館，著該館執掌一切有關編製法規、統計政要事宜，至該年七月十

〔註1〕上海商務印書館編譯所編，《大清新法令・第一卷》，商務印書館 2011 年版，頁 11。

〔註2〕上海商務印書館編譯所編，《大清新法令・第一卷》，商務印書館 2011 年版，頁 16。

六日，發布憲政編查館辦事章程，由憲政編查館總領負責修律事宜，開啓了在憲政編查館督導考核下，以建立新的法律體系爲主要目的修律活動。

一、宣示立憲之前的修律活動

根據江楚會奏變法第三摺，劉坤一和張之洞奏請採取西方法律彌補中國法律的不足，其中最主要的就是路律、礦律、商律和交涉刑律。沈家本、伍廷芳就任修律大臣之後，立即開展了補充中國法律不足的工作，在此同時，也開展了根據西方的法律制度和觀念將中國「一切現行律例，按照交涉情形，參酌各國法律悉心考訂，妥爲擬議。」

自光緒二十七年至光緒三十二年，清廷修律主要有兩方面的內容，第一是變通舊律，包括刪除《大清律例》中明顯具有落後性、野蠻性的東西，制定一些新的單行刑事法規；第二是制定強國富民的商事性法律。對此，修律大臣結合中外修律經驗，指出「查各國修訂法律，大率於新法未布，設單行法，或淘汰就發之大甚者，或參考外國之可行者，先布告國中以新耳目。」而這其中，又以刪除舊律爲先。「是以略采其意，請將重法數端先行刪除，以明示天下宗旨之所在。〔註3〕」

第一，刪改舊律例。刪改舊律例包括刪改條例，刪除酷刑限定最高死刑，刪改緣坐，廢除肉刑，減少死刑數目，禁止刑訊等內容。

光緒三十一年三月十三日，修訂法律大臣奏請將例內「一時權宜、今昔情形不同者，或業經奏定新章而舊例無關引用者，或本條業已載而別條另行復敘者，或舊例久經停止而例內仍行存載者〔註4〕」，刪除共計三百四十四條之多。

光緒三十一年三月二十日，修律大臣沈家本、伍廷芳奏議刪除現行律例中最重之法三條：第一，刪除凌遲、梟首、戮屍三種酷刑，並相應減輕《大清律例》中關於死刑的規定。具體情況爲「將凌遲、梟首、戮屍三項，一概刪除，死罪至斬決而止；凡律內凌遲、斬梟各條俱改斬決，斬決俱改絞決，絞決俱改絞候，入於秋審情實；斬候俱改絞候，與絞候人犯仍入於秋審，分別實緩。」由此，斬立決確定爲最重刑。第二，刪改緣坐。極大的縮小緣坐

〔註3〕上海商務印書館編譯所編，《大清新法令·第一卷》，商務印書館2011年版，頁288。

〔註4〕上海商務印書館編譯所編，《大清新法令·第一卷》，商務印書館2011年版，頁196。

的使用範圍，只將緣坐限於知情者，其他免坐，「將律例緣坐各條，除知情者仍治罪外，其不知情者悉予寬免。」第三，廢除兼具肉刑和恥辱刑性質的刺字，以拘役代替。「將刺字款目概行刪除，凡竊盜皆令收所習藝，按罪名輕重，定以年限，俾一技能，嫺得以糊口。」刪除此三條重法的原因是「前人之論說，既過議其殘苛，而考諸今日環球各國，又皆廢而不用。且外人訾議中法之不仁者，亦惟此數端為最甚。〔註5〕」

光緒三十一年九月十七日，以收回治外法權為宗旨，修訂法律大臣奏請禁止刑訊拖累，變通笞杖辦法並清查監獄羈所。

光緒三十二年閏四月，刑部都察院會奏覆議修訂法律大臣議請將現行律內虛擬死罪分別改為流徒。修訂法律大臣認為，現行律例中，以虛擬死罪而如秋審緩決的，包括戲殺、誤殺、擅殺三項。概修律的目的是「參酌各國刑罰，以冀收回治外法權」，而戲殺、誤殺、擅殺三項「在各國均處懲役、禁錮之刑」，而中國現行律例，「不分戲、誤、擅殺，皆照鬥殺擬絞監候，秋審緩決一次即准減流，其重者緩決三次減流。蓋雖名為絞罪，實與流罪無殊，不過虛擬死罪之名，多費秋審一番文牘而已。」對此，刑部和都察院，經共同商酌，「擬請嗣後戲殺、誤殺、擅殺三項人犯，凡秋審例緩決一次即予減等者，應准如該大臣所奏……」〔註6〕

光緒三十一年四月，理藩院會同刑部，奏請改建蒙古律例，將蒙古律例內重刑條款刪減，以取得統一之效。

第二，頒布新的單行刑事法規。頒行新的單行刑事法規，主要針對現代經濟進入中國以後，因社會關係發生的變化而新出現的犯罪而制定。

光緒三十一年九月二十日，刑部議覆私鑄銀元偽造紙幣治罪摺，請將私鑄銀元、銅元等，為首者及鑄造匠人俱擬斬監候，入於秋審情實案內；受雇者及知情者，照流罪上減一等，杖一百，徒三年；私鑄、偽造未成畏罪中止者，為首及匠人處四千里從軍。

光緒三十二年，刑部奏定偽造郵票、冒用舊票治罪章程。同年，修訂法律大臣奏偽造外國銀幣，擬請設立治罪專條，並明定章程。

〔註5〕上海商務印書館編譯所編，《大清新法令‧第一卷》，商務印書館2011年版，頁287。

〔註6〕上海商務印書館編譯所編，《大清新法令‧第一卷》，商務印書館2011年版，頁302。

第三，以「強國富民」爲目的，制定商事法律，「以商興國」。

光緒二十九年三月二十五日，清廷載振攜同袁世凱、伍廷芳先定商律，作爲則例。以「提倡工藝，鼓舞商情」，使「商務振興，阜民財而培邦本」爲目的。同年七月，載振即授任新設商部尙書。同年，清廷頒佈實施《商人通則》和《公司律》。光緒三十年，商部制定並發布《公司註冊章程》。光緒三十二年四月，商部制定並頒佈《破產律》六十九條。

以上是光緒三十二年發布仿行立憲之前清朝的修律事宜。這一階段的修律大部份都是在張之洞和劉坤一在變法奏摺中所說的「採西法以補中法之不足」，「整頓中法者所以爲治之具也，採用西法者所以爲富強之謀也」〔註7〕的範圍之內。整個的修律活動完全是在舊有的法律體系內進行修補，除了各別因現實需要而增添的單行法規外，對整個法律體系沒有絲毫的改變。而且，這一階段的修律，呈現著政出多門的狀況，除了修律大臣沈家本、伍廷芳負責刪改刑律外，刑部，商部，都察院，理藩院等都有核議律例或編制規章的權力。

二、宣示立憲之後──憲政編查館議定修訂法律辦法

清廷在宣示立憲之前的修律活動雖然取得了不少的成績，但是整體上是混亂的。至光緒三十二年發布立憲上諭改革官制以後，新官制下中央共設十一部，爲了籌備立憲，各部均有大量的行政事務需要辦理，同時各部門規章，及地方法規等均急需議定。那麼，統一修律事宜就顯得更爲重要了。前文已經指出，清末立憲的要求是「大權統與朝廷」，保障「君主大權」，而修律毋庸置疑是立法權中最重要的一部份。那麼將修律事宜統一，將修律權集中由清廷中央負責執掌，自然成爲必須立即確立的事情。爲此，大理院正卿張仁黼在光緒三十三年五月初一日上摺指出：「近來各部院堂官，皆得參與政務，臣愚以爲修訂法律，以之頒佈中外，垂則萬世，若僅委諸一二人之手，天下臣民，或謂朝廷有輕視法律之意。甚且謂爲某某氏之法律，非出自朝廷之制作，殊非以鄭重立法之道也〔註8〕」，針對這樣的修律狀況，張仁黼請求設立修訂法律院，制定辦事章程，以法部和大理院專司修律之事。接著，修律大

〔註7〕懷效鋒編，《清末法制變革史料・上卷》，中國政法大學出版社 2010 年版，頁 12。

〔註8〕故宮博物院明清檔案部編，《清末籌備立憲檔案史料・下冊》，中華書局 1979 年版，頁 834。

臣沈家本、新任法部尚書戴鴻慈等也主張在法部大理院內設立機構統一修律事宜。光緒三十三年六月九日，法部和大理院會奏請擬定修訂法律辦法，起草奏摺的法部尚書戴鴻慈在奏摺中指出：「現在司法所需，其關焉未修者如法院編制法、民法，修而未備者如商法，舊法尚待改正者如刑法，新法未能適於用者如民刑事訴訟法。此外如陸海軍治罪法，以及各法之附屬法，實屬體大思精，非特設立法機關，不足以資修訂。應請特開修訂法律館，以示全國法律之所從出，將來無論何種法律，皆須由法律館編纂及提議改正，以期法律之統一。」統一修律事宜已經提高到了統一立法權的地位。具體組織之法是「所有修訂法律，除由臣等（法部、大理寺組織修訂法律館）詳慎辦理外，請欽派王大臣為總裁，其各部院堂官，特派會訂法律大臣。〔註9〕」

　　光緒三十三年七月初五日，清廷設立憲政編查館，作為「憲政之樞紐」執掌一切有關編制法典和統計政要事宜。那麼，由憲政編查館負責統領修律事宜，正是應有之意。於是，光緒三十三年九月初五日，憲政編查館在議覆前奏法部和大理院會奏修訂法律辦法摺時，將清末修律事宜統歸在該館的管理之下。

　　在議覆的法部和大理院的奏摺中，憲政編查館王大臣奕劻根據以下幾點提出根據性質和內容的不同，將編纂各種法律、法規和規章的事宜分類由不同部門起草編纂，最後由憲政編查館總司審核，以收取既分工合作，又總司其成之效：

　　第一，編纂法典與訂立單行法。編纂法典與訂立單行法等有很大不同。編纂法典包括民法、商法、刑法、民事訴訟法、刑事訴訟法諸種法典，這些法典的編纂無一不是關涉全國範圍內法律關係的調整，必須取材宏富、定例精嚴，再加上其處理關係為全國性的，因此要求穩定性，故而其工作週期長。而單行法規大都專為某一事項或某一地方的特定法律關係，必須能夠迅速解決具體問題，要求時效性，所以工作週期短。所以各國編纂法典，大都設立專門機構，「不與行政官署相混，遴選國中法律專家，相與討論，研究範圍，率以法典為限，而不及各種單行法。」

　　第二，編纂法典的專業要求。法典編纂事務浩繁，必須設立機構專司其事。若將所有法律、法規的起草編纂都交由該機構辦理，一則範圍太廣不利

〔註9〕故宮博物院明清檔案部編，《清末籌備立憲檔案史料·下冊》，中華書局1979年版，頁841。

於工作的開展，二則將一些涉及特定事項或地方的法規規章的編纂交給該館部門或地方，更符合時效性和專業性的要求。所以，「擬請仿照各國辦法，除刑法一門，業由現在修訂法律大臣沈家本奏明草案不日告成外，應以編纂民法、商法、民事訴訟法、刑事訴訟法諸法典及附屬法為主，以三年為限，所有上列各項草案，一律告成。其餘各項單行法，應仍由各該管衙門，擬具草案，遵照臣館奏定章程，於草案成後，奏交臣館，統歸臣館考覆，請旨實行，以期統一。」

第三，考核法典的權力必須統一。針對法部與大理院會奏的「派王大臣總裁，各部院堂官會定」一事，奕劻指出：「修訂法律館之設，專為編纂法典草案起見，將來尚須由臣館核定，該館似可無庸再由王大臣管理，免致重複。」

第四，修訂法律館應與法部和大理院相互獨立，以符合立憲精義收取立法行政司法分立之效。「若以修訂法律館統歸該部院管理，是以立法機關混入行政及司法機關之內，殊背三權分立之義。」

根據以上幾點，憲政編查館奏請「將修訂法律館仍歸獨立，與部院不相統屬，所有修訂大臣，擬請旨專派明通法律之大員二三人充任。應修各項法典，先編草案，奏交臣館考核，一面由臣館分諮在京各部院堂官，在外各省督撫，酌立期限，訂論參考，分別簽注，諮覆臣館，匯擇核定，請旨頒行。〔註10〕」憲政編查館的議覆固然存在其總領王大臣奕劻攬權的嫌疑，但也確實符合清廷立憲時「大權統於朝廷」的基本要求。

於是，在清末發布仿行立憲上諭之後，為了「大權統於朝廷」，為了將修律事宜統一在籌備立憲的前提下，確定了以憲政編查館統領一切編製法規事宜，具體則由修訂法律館專司編纂刑法、民法、訴訟法等法典，由各部院或各省專司編纂與該部門或地方的部門法規、單行法規或行政規章，由憲政編查館總司其成、負責考核、參與編纂的修訂法律辦法。

第二節　統率修律事宜審核法律法規

　　憲政編查館負責統領籌備立憲期間一切編製法規事宜。這一職權在《憲政編查館辦事章程》第二條第三款中得到了更具體也更確定的規定：本館執掌「考

〔註10〕故宮博物院明清檔案部編，《清末籌備立憲檔案史料·下冊》，中華書局1979年版，頁850。

核法律館所定法典草案（法典指民法、商法、刑罰、刑事訴訟法、民事訴訟法諸種而言），及各部院、各省所定各項單行法（單行法指隸於一事之章程、不屬法典之各法而言），及行政法規（如改定官制及任用章程之類）」。該辦事章程第十一條對該職權進行了補充性規定：「本館有統一全國法制之責，除法典草案應由法律館奏交本館考核外，如各部院、各省法制有應修改及增訂者，得隨時諮明該管衙門辦理，或會同起草，或由該管衙門起草，諮送本館考核，臨時酌定。〔註11〕」可見在清末法律改革中的修律事宜中，憲政編查館擁有的權力分爲三種不同的層次：第一，統一全國法制；第二，部份立法權；第三，考核權。所謂部份立法權是指憲政編查館有權和中央各部院會同起草部份單行法或行政法規；所謂考核權，是指憲政編查館有權考核修訂法律館編定的法典草案，考核各部院、各省所定的單行法或行政法規。不論是部份立法權還是考核權，憲政編查館作爲清末憲政的樞紐，它有「統一全國法制之責」。

一、憲政編查館統率下的立法修律活動

前文已經述及，在清廷發布仿行立憲上諭以後，憲政編查館作爲憲政之樞紐，統領一切編製法規事宜。編製法規是清末籌備立憲中最重要的一個部份，它包括編纂法典、制定單行法規、部門規章、地方性法規、單行條例等。自光緒三十三年七月該館開館，至宣統三年五月該館被裁撤，憲政編查館與修訂法律館、各部院、各省及資政院等協調合作，使得整個清末的修律事宜，在有分工有匯總的安排下順利地展開。在這期間，憲政編查館總司核定，審議法律法規的制定，同時又參與部份法律法規的制定。下面我們根據憲政編查館參與情況的不同，將自發布仿行立憲上諭開始，至清廷覆亡時爲止，清廷制定的主要的法律、法規、行政規章等分類列表，以分析憲政編查館在發布立憲之後的清末修律中的作用和地位，進而總結清末修律的基本規律。

具體體情況如下列各表所示〔註12〕：

〔註11〕故宮博物院明清檔案部編，《清末籌備立憲檔案史料・上冊》，中華書局 1979 年版，頁 49。

〔註12〕下列各表所引用資料，參見：故宮博物院明清檔案部編，《清末籌備立憲檔案史料》（上下卷），中華書局 1979 年版；上海商務印書館編譯所編，《大清新法令》（一到十一卷），商務印書館 2011 年版；懷效鋒編，《清末法制變革史料》（上下卷），中國政法大學出版社 2010 年版；夏新華編，《近代中國憲政歷程：史料薈萃》，2004 年版；《資政院議場會議速記錄》，李啓成點校，上海三聯書店 2011 年版。

1. 憲政編查館未予專門審核的法律法規

法律法規	編訂時間	負責機構	未予審核的原因
訴訟狀紙簡明章程	光緒三十三年十月二十六日	法部	根據九年籌備清單法部應辦事宜
大理院審判編制法	光緒三十二年十月二十七日	大理院	至憲政編查館核議的法院編制法頒佈後即不再適用
各級審判廳試辦章程	光緒三十三年十月二十九日	法部	列入九年籌備清單至憲政編查館核議的法院編制法頒佈後即不再適用
營翼地方辦事章程	光緒三十三年十二月	法部	列入九年籌備清單
司法警察職務章程	光緒三十三年十二月二十四日	法部	根據九年籌備清單法部應辦事宜
調查戶口章程	光緒三十四年十二月初十日	民政部	列入九年籌備清單
京師調查戶口規則暨戶口管理規則	宣統元年正月	民政部	列入九年籌備清單
設立財政學堂章程	宣統元年二月十四日	度支部	根據九年籌備清單度支部應辦事宜
清理財政處章程	宣統元年二月三十日	度支部	列入九年籌備清單
車捐章程	宣統元年三月	民政部	根據九年籌備清單民政部應辦事宜
推廣農林簡明章程	宣統元年三月初九	農工商部	根據九年籌備清單農工商部應辦事宜
收發電報辦法及減價章程	宣統元年三月	郵傳部	根據九年籌備清單郵傳部應辦事宜
出使章程暨出使報告章程	宣統元年五月	外務部	根據九年籌備清單外務部應辦事宜
勸工陳列所章程	宣統元年五月	農工商部	根據九年籌備清單農工商部應辦事宜
通用銀錢票暫行章程	宣統元年六月	度支部	根據九年籌備清單度支部應辦事宜
狀紙通行格式章程	宣統元年十二月二十三日	法部	根據九年籌備清單法部應辦事宜

法律法規	編訂時間	負責機構	未予審核的原因
調查民事習慣章程	宣統二年	修訂法律館	根據九年籌備清單修訂法律館應辦事宜
印刷局章程	宣統二年五月	度支部	根據九年籌備清單度支部應辦事宜
秋審條款	宣統二年七月	法部修訂法律館	根據九年籌備清單法部、修訂法律館應辦事宜
高等巡警學堂章程	宣統二年十月	民政部	根據九年籌備清單民政部應辦事宜
法政學堂章程	宣統二年十一月	學部	根據九年籌備清單學部應辦事宜
法院書記官考試任用暫行章程	宣統二年十二月	法部	根據九年籌備清單法部應辦事宜
民事訴訟費暫行章程	宣統二年十二月	法部	根據九年籌備清單法部應辦事宜
運送章程	宣統二年十二月	農工商部	資政院議決
地方學務章程	宣統二年十一月	學部	資政院議決
國庫統一章程	宣統二年十二月	度支部	資政院議決
大清商律草案	宣統二年十月	農工商部〔註13〕	資政院議決
大清民律草案	宣統三年九月	禮學館修訂法律館	修訂法律館起草總則、債權、物權三編；禮學館起草親屬、繼承兩編；起草完成時憲政編查館已被裁撤未及核議。
大清刑事訴訟律草案	宣統二年十二月	修訂法律館	起草後著憲政編查館核議，但未及審議該館已被裁撤
大清民事訴訟律草案	宣統二年十二月	修訂法律館	起草後著憲政編查館核議，但未及審議該館已被裁撤

〔註13〕清廷曾於光緒二十九年制定並頒佈《商人通則》、《公司律》，並於光緒三十二年制定並頒佈《破產律》，至光緒三十四年，修訂法律館聘請日本法學家志田甲太郎起草《大清律草案》，但該草案未予頒行。至宣統二年，農工商部根據上海等地商會呈送的調查案，結合之前編定的《商人通則》、《公司律》等，刪定而成此《大清商律草案》，分總則、公司兩編，具交資政院議決。資政院議決後，交該院法典股審查。見《資政院議場會議速記錄》，李啓成點校，上海三聯書店2011年版，頁413。

　　上表所列爲未曾交由憲政編查館核議的諸種法律法規，這些法規主要呈現爲三種類型：

　　第一類，列入九年籌備立憲清單，或根據該清單要求屬於各部院應辦理的部門規章或單行法規的制定。這些法律法規雖未交憲政編查館專門核議，但卻作爲籌備立憲成績以文牘方式交該館考核專科考核備案。

　　第二類，資政院開院以後，根據《資政院章程》第十四條規定，歸屬資政院議決的事宜。根據該章程規定，資政院應行議決事件包括：國家歲出入預算事件，國家歲出入決算事件，稅法及公債事件，新定法典及嗣後修改事件，但憲法不在此限；其餘奉特旨交議事件〔註14〕。資政院於宣統二年八月開院議事後，即依照該章程規定議決相關法律法規，於是憲政編查館核議法律的權力開始受到限制，並進而引發了資政院與憲政編查館的職權之爭。〔註15〕

　　第三類，按照《憲政編查館辦事章程》，本應屬於憲政編查館核議的法律法規。後來由於改革內閣官制，憲政編查館被裁撤，這些法律法規要麼編纂之後仍未交給該館，要麼已交給該館卻直到該館被裁撤以後都未給予答覆。最後，這些法律法規按照資政院章程都交由資政院議決，但均因辛亥革命的爆發而中止。

2. 憲政編查館編纂或會同起草的法律法規

法律法規	編訂時間	主要負責機構	備　註
各省調查局辦事章程	光緒三十三年九月十六日	憲政編查館	
遊學畢業生廷試錄用章程	光緒三十三年十二月二十日	學部	憲政編查館會同制定
考驗外官章程	光緒三十三年十二月二十二日	吏部	憲政編查館會同制定
結社律	光緒三十四年二月初九日	民政部	憲政編查館會同制定
宗室覺羅訴訟章程	宣統二年五月	憲政編查館	
貴胄法政學堂章程	宣統元年閏二月十八日	憲政編查館	

〔註14〕《資政院議場會議速記錄》，李啓成點校，上海三聯書店 2011 年版，頁 720。
〔註15〕參見本文第五章：立法權之爭——憲政編查館與資政院。

法律法規	編訂時間	主要負責機構	備　註
各省會議廳規則	宣統二年八月	憲政 編查館	
內閣官制 暨辦事章程	宣統三年四月	憲政 編查館	與會議政務處同辦
弼德院官制	宣統三年四月	憲政 編查館	與會議政務處同辦
陸軍部暫行 官制大綱	宣統二年十一月	軍諮處 陸軍部	憲政編查館 會同制定

　　上表所列爲憲政編查館主要負責起草編纂或會同起草編纂的法律法規。這些法規以官制章程等行政法規爲主，另外還包括一些與滿清政權穩定或宗室利益關係密切相關的單行法規，如《結社律》、《貴胄學堂章程》、《宗室覺羅訴訟章程》。在會同編纂《結社律》時，憲政編查館指出：「結社集會種類甚夥，除秘密結社潛謀不法者應行嚴禁外，其討論政學、研究事理、聯合群策以成一體者，雖用意不同、所務各異，而但令宗旨無悖於治安，即法令可不加以禁遏。……臣等仰體聖謨、參酌中外，謹擬呈結社集會律三十五條，除各省會黨顯干例禁，均屬秘密結社，仍照刑律嚴刑懲辦外，其餘各種結社集會，凡與政治及公事無關者，皆可照常設立，毋庸呈報。〔註16〕」根據這一解釋，可以充分看出，在晚清籌備立憲階段，憲政編查館以立憲樞紐的地位力圖確保立憲不違背清廷「大權統於朝廷，庶政公諸輿論」的基本原則。

3. 與資政院有關的法規

法　規	編定時間	負責機構	備　註
諮議局章程暨諮議局議員選舉章程	光緒三十四年六月二十四日	憲政 編查館	此章程爲憲政編查館與資政院會奏宣統元年一月憲政編查館發文就諮議局章程有完全解釋權，各省就該章程若有疑問一律諮詢該館；元年三月又就京旗及各駐防衙門諮議局議員選舉問題通諮各該管衙門
資政院章程	宣統元年七月	資政院	軍機大臣會同辦理

〔註16〕上海商務印書館編譯所編，《大清新法令·第三卷》，商務印書館 2011 年版，頁 40。

法　規	編定時間	負責機構	備　註
資政院議員選舉章程	宣統元年九月	資政院	會同軍機大臣辦理 宣統元年九月憲政編查館曾就碩學通儒議員的選舉辦法答覆學部諮詢〔註17〕
資政院議事細則暨分股辦事細則	宣統二年八月	資政院	軍機大臣會同辦理

　　上表所列為與資政院有關的規章或單行法規。《諮議局章程暨諮議局議員選舉章程》為憲政編查館與資政院會同辦理，但該章程編定之時，資政院尚未開院，主要為憲政編查館負責。之後《資政院章程》及相關法規的制定由資政院主要負責，軍機大臣會同辦理。但是，軍機大臣均兼任憲政編查館館務大臣，所以與資政院相關的法規的制定也不能說憲政編查館完全沒有參與。而且，上表所列法規，尤其是《諮議局章程暨諮議局議員選舉章程》和《資政院議員選舉章程》的施行，憲政編查館仍然擁有解釋權。

4. 憲政編查館核議並修改的法律法規

法律法規	編訂時間	負責機構	憲政編查館核議或修改情況
報律	光緒三十三年十二月十五日	民政部	核議後修改第二十一條、二十二條處罰辦法； 第二年二月十二日發布。
違警律	光緒三十三年八月十八日	民政部 法部	核議後修改《總則》內條文次序及第二章關於國安違警事； 第二年四月初十日公佈。
直省巡警道官制並分科辦事細則	光緒三十四年三月初三日	民政部	核議後增加第十一條巡警學堂一項；該年四月二十六日公佈。
直省勸業道官制細則	光緒三十四年五月九日	農工商部 郵傳部	核議後增加第十二、十三、十四三條以明確分科辦事細則； 該年七月五日公佈。
清理財政章程	光緒三十四年十二月初一日	度支部	核定後增加第四條清理財政局監理職權內容； 該年十二月十五日公佈。

〔註17〕 上海商務印書館編譯所編，《大清新法令・第六卷》，商務印書館 2011 年版，頁 306。

法律法規	編訂時間	負責機構	憲政編查館核議或修改情況
城鎮鄉地方自治章程	光緒三十四年七月二十八日	民政部	核定後增加《城鎮鄉地方自治選舉章程》（憲政編查館草擬）；該年十二月二十七日公佈。
國籍條例	宣統元年二月二十八	外務部	核議後增加《實施細則》（憲政編查館草擬）；該年閏二月初七日發布
自治研究所章程	宣統元年閏二月十三日	民政部	核定後於該年三月十六日發布
禁煙條例	宣統元年九月二十二日	民政部修律大臣	核議後將原擬第三、七、八三條刪改以重該管官吏之責；該年十二月二十日發布。
現行刑律	宣統元年八月	修定法律館	核議後就五刑名目、買賣人口、舊律、典章制度、律文、流徒、梟磔等方面提出斟酌意見於元年十二月二十四日上奏，第二年四月初七將現行刑律修改黃冊呈進後刊刻頒行。
京師地方自治章程暨選舉章程	宣統元年七月	民政部	核議後將第九、十六、三十七、九十三、一百二十七、一百三十二條酌加修改；該年十二月二十四日發布。
府廳州縣地方自治暨選舉章程	宣統元年十一月	民政部	核議後就董事會、自治監督事宜、議事會議決自治規約、議院董事選舉、文辭等項酌加刪改；該年十二月二十七日發布。
法院編制法	光緒三十三年八月	修訂法律館	核議後就條文與注釋、法官品級之規定、初級審判廳管轄權、錄事及法官之任用、新舊律效力關係等問題增損若干條，並另擬《法官考試任用章程》、《司法區域劃分暫行章程》（憲政編查館草擬）；宣統元年十二月二十八日發布。
巡警道屬官任用章程	宣統二年四月	民政部	核議後修改第九條第二款，該年十一月發布。
大清新刑律	光緒三十三年	修訂法律館	核議後就刑事責任年齡、侵犯君權、卑幼侵犯尊親屬、無夫奸、殘毀屍體等事項按照經義進行修改，並增加附則《暫行章程》五條，於宣統二年十月初四日具奏請交資政院議決，資政院僅議決《總則》未議決分則及《暫行章程》，並針對憲政編查館於《總則》所做的修

法律法規	編訂時間	負責機構	憲政編查館核議或修改情況
			改提出異議，奏請皇帝裁決。 該年十二月二十五日公佈，但未確定施行日期。

上表所列憲政編查館核議並作出修改的法律法規中，除了度支部《清理財政章程》和《京師地方自治章程暨選舉章程》外，其他都是適用於全國範圍的單行法規、行政規章或律典，尤其是《現行刑律》和《大清新刑律》，更是清末法制改革中很重要的成就。在核議諸種法律法規草案的過程中，憲政編查館審議條文，斟酌字句，或者修改文意，或者增刪條文，或者續編補充章程或條例，然後將所審議的法律法規奏請皇帝公布施行，憲政編查館作為修律統率的地位可見一斑。

不過，這並不是說憲政編查館在修律中的地位從未受到過挑戰。從表格中，我們可以明顯地看到在審議《大清新刑律》時，由於資政院已經開院議事，按照資政院章程第十四條規定的資政院職權，「新定法典及嗣後修改」均應交由資政院議決然後才可以公佈。所以，《大清新刑律》在憲政編查館核議之後，該館具奏請交資政院議決，但是資政院在審議《總則》的時候，針對憲政編查館所修改的第十一條和增加的第五十條存有異議，兩方爭執不下，最後奏請皇帝裁決，潛在引發了資政院與憲政編查館的矛盾。

憲政編查館核議的時候，針對刑律草案第十一條之規定：「凡未滿十五歲者之行為不為罪，但因其情節，得命以感化教育」，該館認為，此條規定不妥，「與其責任年齡過遲，而無宥減辦法，不如責任年齡稍早，而有宥減辦法之比較有折中」。於是應將「十五歲」改為「十二歲」，並特設第五十條：「凡未滿十六歲犯罪者，得減本刑一等至二等」。

而資政院在議決時，從學說理由和統一法律規定兩個方面提出異議：

首先，「現在的學說以為責任年齡並不是以辨別心為根據，是以教育能力為根據。犯罪的人若是估量教育的能力可以變更其氣質的時候，便不一定處以刑罰，還可以處以相當之教育。這一種是近來東西各國最新的學說，亦是我們明刑弼教的格言。但究竟教育能力所能夠及得到的，當以幾歲為斷，我們不能憑空臆造，必要比較歷年統計，查明實在的憑據，方能確定。照各國普通統計上比較起來，大概以十五歲十六歲為斷，並不是在這個時候一定可以受教育，不過比較起來容易一點。」

其次，「現在各國最新的刑律，以十五六歲爲斷的甚多，而我們中國的《違警律》第十六條亦是以十五歲爲責任年齡」〔註18〕。

如此，資政院認爲，不論是從學說的角度講，還是從統一國家法律規定的角度講，應仍採修訂法律大臣等會奏原文，改「第十一條之『十二歲』爲『十五歲』，並將原第五十條規定減輕責任的條文刪除」。對此，資政院總裁溥倫和憲政編查館王大臣奕劻等「往返商榷」，而不能達成一致。

根據《資政院章程》第十七條規定：「資政院議決事件，若軍機大臣或各部行政大臣不以爲然，得聲敘原委事由，諮送資政院覆議。」然而，由於該年會期屆滿並即將閉會，憲政編查館王大臣奕劻等的主張無法再具交資政院議決。根據《資政院章程》第十八條規定「資政院於軍機大臣或各部行政大臣諮送覆議事件，若仍執前議，應由資政院總裁、副總裁及軍機大臣或各部行政大臣分別具奏，各陳所見，恭候聖裁。」〔註19〕於是，憲政編查館王大臣奕劻和資政院總裁溥倫於宣統二年十二月二十五日上摺，「惟有將彼此異同之處，會奏聲明」，「伏皇上聖裁，以資遵守」〔註20〕。

同日，清廷即發布上諭：「《資政院議決新刑律總則會同軍機大臣具奏繕單呈覽請旨裁奪》一摺，新刑律《總則》第十一條之『十五歲』，著改爲『十二歲』；第五十條『或滿八十歲人』之上，著加入『或未滿十六歲人』字樣，餘依議。」完全依照憲政編查館對《刑律草案》之改動。此外，雖然資政院尚未議決新刑律《分則》並《暫行章程》，清廷亦根據憲政編查館的奏請，「新刑律頒佈年限，定自先朝籌備憲政清單，現在開設議院之期已經縮短，新刑律尤爲憲政重要之端，事宜續行修正清單，亦定爲本年頒佈，事關籌備年限，實屬不可緩行。」於是，清廷發布上諭：「將《新刑律》《總則》、《分則》並《暫行章程》先爲頒佈，待明年資政院開院以後，若有任何疑義，可再行提議修正，具奏請旨」。〔註21〕

如此一來，在憲政編查館和資政院在核議修律草案過程中出現爭議時，

〔註18〕《資政院議場會議速記錄》，李啓成點校，上海三聯書店2011年版，頁591。
〔註19〕上海商務印書館編譯所編，《大清新法令‧第六卷》，商務印書館2011年版，頁93。
〔註20〕上海商務印書館編譯所編，《大清新法令‧第十卷》，商務印書館2011年版，頁248。
〔註21〕上海商務印書館編譯所編，《大清新法令‧第十卷》，商務印書館2011年版，頁205。

清廷以上諭的形式，肯定憲政編查館的修改意見，而將資政院議決的條款擱置。於是，憲政編查館作爲籌備立憲時期的「樞紐」機構，其執掌一切「編製法規」的權力和地位更爲明顯地加強。

5. 憲政編查館奏請或核覆的與法律法規的適用相關的奏摺

奏摺	時間	奏請部門	奏請事由	憲政編查館核覆意見
諮議局議案權限摺	宣統元年十月二十七日	翰林院侍讀吳士鑒	請申明《諮議局章程》裁奪諮議局議案權限	諮議局之設其性質與聯邦議會不同，與地方自治亦有別，實介於二者之間，其僅代表一時輿論，而非國家議院之比，故諮議局只負責決議而不能強迫督撫施行。
酌擬死罪施行詳細辦法摺	宣統二年正月二十四日	法部	酌擬死罪慎重刑獄區分權限起見，請將死罪案件著大理院覆判之後，及具奏法部，再予執行。	著法律館迅速擬定訴訟章程，以釐定司法權限，並嚴格考選司法審判官。
變通秋審覆核舊制摺	宣統二年二月二十八日	修訂法律館	釐定權限，變通舊制。著外省秋審犯人徑由按察司或提法司審勘後諮呈法部核議，督撫布政司會審之制即請停止，朝審人犯概由法部核議，無需奏派覆核大臣，其朝審會同九卿審錄之制亦請停止。	明定司法權限，統一法權。京外高等地方審判各廳所定死罪案件，在京由法部匯案辦理，在外由該省提法司辦理；其未設審判廳地方，秋審人犯具交提法司或按察司辦理。
各省法官迴避變通辦法摺	宣統二年五月初七日	憲政編查館	此摺爲憲政編查館會奏法部起草。請於各省法官任命時，各省高等審判檢查廳分廳及提法司屬官，其區域或係管轄全省，其職任或謂司法行政，擬仍照舊制不用本省人員爲宜，其書記官以下並無訴訟執掌，因准以本省人員分別任用。	

奏摺	時間	奏請部門	奏請事由	憲政編查館核覆意見
各級審判制度暨現行清訟辦法摺	宣統三年三月二十九日	順天府	順天府各級審判制度以及順天清訟辦法，需詳加研究。	各級審判廳，凡屬司法、行政監督權限，一以法院編制法爲準繩，其餘清界催租事件，果屬行政範圍，由地方官辦理，如涉及訴訟歸民刑審判，其行政各官與司法各官事權不相統屬，不得互相侵越，倘有違反者，由法部查明據實糾參。
解釋法令分歧並窒礙情形	宣統三年三月二十九日	東三省總督錫良	已設審判廳地方，循例解勘提審事宜是否劃歸高等審判廳辦理。	若已設高等審判廳，則一省最高審判事宜盡歸高等審判廳，以取司法獨立之意。
地方審判分廳管轄區域範圍釋疑	宣統三年三月二十九日	憲政編查館	直省府、直隸州地方審判廳，以各該府、直隸州轄境爲其管轄區域。此府、州係指府之有直接轄境暨直隸州之直接轄境而言；其直接轄境以外之所屬州縣，應酌設分廳。	
官吏犯法應視情形不同分由審判廳或行政衙門受理	宣統三年三月二十九日	憲政編查館	現行刑律所在官吏犯法各條，有純粹屬於刑事審判範圍者，有應屬於行政審判範圍者，有應屬於懲戒審判範圍者，應分別有刑事審判、行政審判、懲戒審判，以劃清界限。	

　　上表所列諸項內容，爲憲政編查館答覆由該館核議的法律法規適用的奏摺或覆議意見。從這些資料可以看出，憲政編查館不僅擁有統一編製法規的權力，而且對頒行的法律法規還擁有解釋的權力，其解釋的過程也是在統一權限的前提下，收取分司職能之效。尤其是該館關於地方諮議局職權的回覆，在地方督撫和地方諮議局之間充當了仲裁人的角色，進一步提高了憲政編查館的地位。

　　根據上列五個表格，我們可以明確看出，在清末籌備立憲期間，憲政編查館

以「憲政之樞紐」的地位，在修律活動中，統籌規劃、詳細安排，使得清末修律事宜得以分門別類，分司完成，建立了包括法律、法規、部門規章、地方性法規、單行法規在內的綜合的法律體系。在這個過程中，憲政編查館通過控制立法事宜的推行，使得「大權統於朝廷」，「君主大權」不受侵犯，眞正發揮了統率的作用。而這一作用在其核議修改各類法律法規中，得到了更爲充分的體現。

二、憲政編查館對法律法規的核議與修改

前文表格列舉了清末時期在憲政編查館統率下的修律活動。通過仔細分析憲政編查館對法律法規的核議與修改，我們會發現，這些修改內容中，有些是文字的斟酌，有些是條文的增刪，有些是義禮修改。通過比較這些修改內容，能觀察出憲政編查館在修律中的深層次作用，並進而瞭解到清末修律的基本規律。下面我們逐一陳述在核議這些法律法規中該館所做的具體工作。

1. 對報律的核議（光緒三十四年二月十二日）

核議民政部奏交的《報律》草案時，清政府正處於海內外革命黨人及進步人士的輿論壓力之下。爲此，憲政編查館從報紙既有啓迪新智、策勵社會之功用，又有顚倒是非淆惑民聽之弊端入手，以維護大清皇帝一統萬世之基業、保護君主之權威爲目的，指出該草案「第十四條第一款之詆毀宮廷，第二款之淆亂政體，第三款之擾亂公安，皆侵入刑律範圍」，是對清朝政府及君主權威的侵犯，不應僅僅按照該律處以罰金或監禁，而應將「其情節較重者，仿照刑律治罪」〔註22〕，以更好地維護君主制度以及政府的權威。

2. 對違警律的核議（光緒三十四年四月初十日）

在核議民政部制定的《違警律》草案時，憲政編查館從制定該律的目的出發，認爲「近來東西各國均有違警之科，皆所以息禍患於未萌，期秩序之共守」，以取得「防微杜漸、納民軌物」之效，所以，必須要釐清違警律與刑律的區別。在這個前提下，除了對該草案做文字的改動外，憲政編查館尤其對該草案「第二章所列關於國安之違警事項，如情節較重則宜歸入刑律，情節較輕則不至關及國安，今略爲刪減」〔註23〕，如此使得各法律法規之間規定明確，不至一罪多刑，進而取得各律典統一之效。

〔註22〕上海商務印書館編譯所編，《大清新法令・第三卷》，商務印書館 2011 年版，頁 34。

〔註23〕上海商務印書館編譯所編，《大清新法令・第三卷》，商務印書館 2011 年版，頁 9。

3. 對直省巡警道官制並分科辦事細則的核議（光緒三十四年四月二十六日）

核議民政部制定的《直省巡警道官制並分科辦事細則》時，憲政編查館主要從新式巡警的培養問題進行修改，「原奏只稱用畢業之巡警學生而未注重學堂辦法，自應由民政部奏定章程，通飭各省先從辦理巡警學堂入手，務以造就此項人才足用而止。〔註24〕」基於此，憲政編查館在民政部原奏規章第十一條中增加巡警學堂一款，以培訓養成警務人員。

4. 對直省勸業道官制細則的核議（光緒三十四年四月二十六日）

核議農工商部和郵傳部會訂的《直省勸業道官制細則》時，憲政編查館指出：「原奏所擬各條臚舉大綱均屬切實可行，惟於該道辦事分科細則未經敘明」。可見，農工商部和郵傳部會訂的細則並未將直省勸業道任官的職權詳細釐清，為此，憲政編查館在原擬章程內增設十二、十三、十四三條，「按照該道應管事務，分為六科，設科長、副科長等」，分科列舉，明定任用〔註25〕。

5. 對清理財政章程的核議（光緒三十四年七月五日）

核議度支部制定的《清理財政章程》時，憲政編查館指出，該章程存在的主要問題是第四條所規定設置的清理財政局監理及該局總辦、會辦等權限不清，需要明確釐定。於是，憲政編查館在改條中增加款項，明確清理財政局各員的職權。對此，該館解釋到：「當此財政久困之後，人心積玩之餘，臣等竊以為課功不憚其嚴，而要勿掣辦事之肘；防弊不嫌其密，而要勿失任事之心」。〔註26〕

6. 對城鎮鄉地方自治章程的核議（光緒三十四年十二月二十七日）

核議民政部《城鎮鄉地方自治章程》時，憲政編查館提出了編纂及核議該自治章程的四項原則，即：明示自治名義；劃清自治範圍；慎重自治經費；責重自治監督。根據此四項原則，經過核議該章程後，憲政編查館認為該章程規定城鎮鄉地方自治選舉照用諮議局選舉章程辦理，甚為不妥。「諮議局議員選舉係用復選制度，現在自治職權選舉宜用單選制度，繁簡各殊，一切規

〔註24〕上海商務印書館編譯所編，《大清新法令・第二卷》，商務印書館 2011 年版，頁 189。

〔註25〕上海商務印書館編譯所編，《大清新法令・第二卷》，商務印書館 2011 年版，頁 195。

〔註26〕上海商務印書館編譯所編，《大清新法令・第一卷》，商務印書館 2011 年版，頁 141。

制勢難通用。且選舉人不分等級，尤易使刁生劣監挾平民冒濫充選，殊非謂地方興利除弊之道」。﹝註27﹞於是，憲政編查館館另行擬定自治選舉章程，附在原章程之後一併發布。

7. 對國籍條例的核議（宣統元年閏二月初七日）

對外務部奏請的《國籍條例》草案核議後，憲政編查館認爲該草案「尙屬妥協可行」，但該草案擬針對將來，而當時清廷「民法尙未頒佈，領事裁判權尙未收回，惟恃此項條例與爲維繫，必須行之以簡而事無不賅」﹝註28﹞，於是，在條例外增加《實行細則》十條，作爲補充，一同頒佈。

8. 對自治研究所章程的核議（宣統元年三月十六日）

對民政部奏請的《自治研究所章程》進行核議後，憲政編查館認爲該章程「簡要易行﹝註29﹞」。於是再次申明國家預備立憲、馴民自治之至意，即奏請發布施行。

9. 對禁煙條例的核議（宣統元年十二月二十日）

對民政部《禁煙條例》草案的核議，憲政編查館認爲該草案均屬妥協，惟在懲處官吏於履行禁煙職責中有吸食或見知故縱等行爲缺乏規定。於是，該館在草案中增加「官吏見知故縱皆與犯人同罪﹝註30﹞」一條，奏請發布。

10. 對現行刑律的修改，宣統元年十二月二十四日

核議修訂法律館刪改的《大清新刑律》草案時，針對該草案在五刑名目等方面所作的刪改，憲政編查館提出五條修改意見：首先，確定新五刑，增加罰金爲五刑之一種，應明確罰金之可適用與不可適用之範圍，尤其是「關及十惡或犯奸等罪行，不可適用罰金」；其次，買賣人口之事「久爲環球所指謫，但草案尙未議及，請將舊律中有關買賣人口及奴僕、奴婢等條一律刪除改定，以昭仁政」；第三，舊律中以六曹進行分類的條目等刪改尙有未盡，尤其是各部則例，與新官制全然不符，請修訂法律館盡快繕具清單，以符合體例；第四，「變通宜循時尙」應盡刪除律文中與今制不合之處；第五，確立新

﹝註27﹞ 上海商務印書館編譯所編，《大清新法令·第一卷》，商務印書館 2011 年版，頁 150。

﹝註28﹞ 上海商務印書館編譯所編，《大清新法令·第五卷》，商務印書館 2011 年版，頁 193。

﹝註29﹞ 上海商務印書館編譯所編，《大清新法令·第五卷》，商務印書館 2011 年版，頁 304。

﹝註30﹞ 上海商務印書館編譯所編，《大清新法令·第七卷》，商務印書館 2011 年版，頁 115。

五刑，應明確各個刑罰的適用，尤其是死刑的適用，如何從重，如何從輕，應予以明確。〔註 31〕以上核議意見，足見憲政編查館人員在修律過程中，統一律典內容，協調新舊律關係等方面的工作。

11. 對京師地方自治章程的核議（宣統元年十二月二十四日）

在核議民政部《京師地方自治章程》草案時，憲政編查館本著「舉辦地方自治重在綜合治理，通力合作，乃能規久遠而免作輟」為目的，就地方議事會董事會之聯合設立、議事會會議的次數、董事會人數、自治事宜的權限以及自治監督等問題，在原草案的基礎上，更加予以明確規定，並責成各該管衙門「認真辦理，以副朝廷預備憲政之至意」。〔註 32〕

12. 對府廳州縣地方自治章程的核議（宣統元十二月二十七日）

核議民政部《府廳州縣地方自治章程》草案時，憲政編查館指出清廷籌辦地方自治，係「分為上下兩級，以城鎮鄉為下級自治機關，府廳州縣為上級自治機關」，「城鎮鄉地方自治章程頒佈在前，其條文有涉及府廳州縣自治章程，歧異之處請飭下民政部另案更正，再奏明辦理」，以統一各章程之間的規定，並再次強調各自治機關均以「磨練國民預備立憲」為本意。

13. 對法院編制法的核議（宣統元年十二月二十八日）

核議修訂法律大臣呈奏的《法院編制法》草案時，憲政編查館在核議條文之外，專門在發布該草案時指出「從前發布會奏各級審判廳試辦章程，業經臣館諮准該部通行試辦在案，該章程各條有已定之與法院編制法者應行作廢，其餘仍應照行以資辦理。此外，法部、大理院奏定各項章程，有與法院編制法所載不符者，應請飭下一律改正，以歸劃一」；「從前法部大理院權限未清之處，自此次法院編制法頒行以後，即應各專責成。擬請嗣後屬於全國司法之行政事務，如任用法官、劃分區域以及一切行政上調查執行各項，暨應欽遵籌備事宜清單，籌辦者統由法部總理主持，毋庸會同大理院辦理。其屬於最高審判暨統一解釋法令事務，即由大理院欽遵國家法律辦理。所有該院現審死罪案件，毋庸諮送法部覆核，以重審判獨立之權。」〔註 33〕進而在

〔註 31〕上海商務印書館編譯所編，《大清新法令・第七卷》，商務印書館 2011 年版，頁 144。
〔註 32〕上海商務印書館編譯所編，《大清新法令・第七卷》，商務印書館 2011 年版，頁 166。
〔註 33〕上海商務印書館編譯所編，《大清新法令・第七卷》，商務印書館 2011 年版，頁 321。

新舊法律的效力及適用問題上，以及大理院與法部的權限問題上，給出了明確的解釋，解決了在法制改革和憲政改革中存在的法律衝突和權限衝突等問題，促進了清末的法制改革和憲政改革的展開，但也同時使得憲政編查館將各項權力更加集中地統一在朝廷中。

14. 對巡警道屬官任用章程的核議（宣統二年十一月）

核議民政部奏定的《考核巡警道屬官任用章程》草案時，除了核定文意外，出於設立巡警道的目的，「警察爲治安之本，使辦理不得其人，則保民者適以擾民，是以任用之初宜求審慎」，尤其是考選的問題。爲此，憲政編查館專門就負責考核屬官的人員問題做出了修改：「區官管轄全區，責任頗重，即由巡長考取，其資望恐尙不足，擬請改爲現任巡官」，以嚴格考法，期求在地方的治理中有良法並能有合格的執法的官吏。〔註34〕

15. 對大清新刑律的修改，宣統二年十二月二十五日

針對修訂法律大臣奏議的《大清新刑律》草案，憲政編查館除了對條文做一些基本的修改外，另將「危害乘輿、內亂、外患、對尊親屬有犯、強盜、發冢各項，及合奸無夫婦女之罪，」著另輯《暫行章程》五條，附在新刑律之後發布。這樣做的目的既是爲了溝通新舊刑律，又是爲了緩和清廷內部各派之間關於修律之保守與激進的衝突，更是從維護傳統禮教和君主皇權的角度，以確保在清末法制改革中遵守「大權統於朝廷」，「君主皇權神聖不可侵犯」的基本原則〔註35〕。

以上是憲政編查館在清末修律過程中所作的各項工作，雖然不能窮盡各種材料，但是就目前的資料已經可以看出，在清末法制改革之中，憲政編查館作爲「憲政之樞紐」，在修律過程中執掌行政、立法大權，並負責解釋法律法規的實行。該機構以權力匯總的地位，在核議、編纂法典、法規、規章和單行法規的過程中，推進了清末的法律改革，促進了清末新的法律體系的建立。同時，爲了維護清廷的政權穩定和君主的地位，該機構將所有的權力集中在一起，最終導致了其與資政院就立法權產生矛盾，這將是筆者在後文中要討論的問題。

〔註34〕上海商務印書館編譯所編，《大清新法令‧第十卷》，商務印書館2011年版，頁37。

〔註35〕懷效鋒編，《清末法制變革史料‧下卷》，中國政法大學出版社2010年版，頁452。

第三節　憲政編查館與修訂法律館

在清末的法制改革中，最爲人所知的機構即爲修訂法律館了。修訂法律館的存在時間從光緒三十年直至宣統三年清廷覆亡。在這一段時間裏，修訂法律館在修律大臣沈家本、伍廷芳、俞廉三的率領下，邀請日本法律學者岡田朝太郎、志田甲太郎、松岡正義等參與清末法典的修改和起草。後來，清末修律的主要成果《大清現行刑律》、《民事刑事訴訟律草案》、《大清新刑律》、《大清民律草案前三編》、《刑事訴訟律草案》、《民事訴訟律草案》、《法院編制法》等都是由修訂法律館主要負責完成的，這些法典至今在我國部份地區仍然發揮著重要的作用。在修訂法律館展開修律工作的第三年，清廷發布上諭仿行立憲籌備憲政，接著即設立憲政編查館統籌一切與憲政有關的編製法規、統計政要諸事宜。從此，憲政編查館成爲清朝末年一切政治法律活動的管理機構，修訂法律館也開始在憲政編查館的統率下開展工作。在這個過程中，修訂法律館和憲政編查館必然會發生很多職能和工作中的聯繫。這裡，筆者不會太過注意修訂法律館和憲政編查館在人員和機構的交叉〔註36〕，而主要是著眼於在清末法制改革中，憲政編查館設立以後修訂法律館地位發生的變化。

一、修訂法律館的開設

根據陳煜博士的考證，修訂法律館源於刑部下設的律例館〔註37〕。光緒二十八年四月初六日，清廷發布上諭：「現在通商交涉事益繁多，著派沈家本、伍廷芳將一切現行律例，按照交涉情形，參酌各國法律悉心考訂，妥爲擬議。務期中外通行，有裨治理。〔註38〕」這一上諭宣佈了清末修律的開始。當時「沈家本爲刑部左侍郎，伍廷芳也剛剛從出使美國任上召回，以四品卿銜道員賞四品京堂候補」，「尚無具體官名〔註39〕」。此時的修律，根據前文的研究，是以劉坤一和張之洞的《江楚會奏變法三摺》爲基礎的。從這個時候開始，至修訂法律館正式開設，沈家本和伍廷芳由於教育背景和人生經歷的不

〔註36〕關於修訂法律館和憲政編查館在人員和性質上的異同，中國政法大學陳煜先生在其博士論文《清末新政中的修訂法律館》，湘潭大學許峰先生在其碩士論文《修訂法律館考論》中均有過詳細的論述。

〔註37〕陳煜，《清末新政中的修訂法律館》，中國政法大學出版社 2009 年版，頁 29。

〔註38〕上海商務印書館編譯所編，《大清新法令·第一卷》，商務印書館 2011 年版，頁 16。

〔註39〕錢實甫編，《清季職官年表·第四冊》，中華書局 1980 年版，頁 3088。

同〔註40〕，在修律方案上自然也有一些不同的想法，「沈家本意在改造舊律，伍廷芳想要創造新律」〔註41〕。於是，沈家本著手開始將大清律例內「全部條例反覆講求，覆查歷屆修例章程應分別刪除、修改、修并、移改、續纂〔註42〕」等，一俟編訂。而由於清廷急需發展工商，設立商部，「茲派載振、袁世凱、伍廷芳，先定商律，作為則例。〔註43〕」伍廷芳作為諳習東西洋各國通商狀況的新式人才，於光緒二十九年三月二十五日被派去修訂商律，同年，則起草並頒佈《商人通則》和《公司律》，並以《欽定大清商律》頒行。而伍廷芳也於該年七月十六日被任命為清廷新設商部左侍郎，籌辦一切通商事宜。可見，修律伊始，兩位修律大臣都是根據清廷「採西法以補中法之不足」的變法原則分別工作，並沒有設立獨立的修律機構，也沒有制定系統的修律計劃。而其中最關鍵的問題在於此時修訂法律事宜沒有專門負責的機構或獨立的身份與名義，僅僅是由兩名分屬不同機構的大臣負責其事。

這一狀況在光緒三十年發生了初步的變化。光緒三十年四月初一日，沈家本、伍廷芳「酌擬大概辦法，遴選諳習中西律例司員分任纂輯，延聘東西各國精通法律之博士、律師以備顧問，複調取留學外國卒業生從事翻譯，請撥專款以資辦公，刊刻關防以昭信守」〔註44〕，並以修訂法律館的名義開始辦事。根據沈家本、伍廷芳奏設修訂法律館的意圖，修訂法律館的職責一為修訂律例，一為翻譯東西洋各國法律書籍。

然而，這一階段的修訂法律事宜在人事和職權上仍然存在三個大的問題。第一，修訂法律雖然正式以修訂法律館的名義辦事，但是卻依然是在刑部之

〔註40〕 沈家本，浙江歸安人，同治元年舉人，光緒二十七年任光祿寺卿，同年任刑部右侍郎，光緒二十八年遷任刑部左侍郎，光緒三十二年任新設大理院正卿，後又任法部侍郎；伍廷芳，廣東新會人，英國倫敦大學法學博士，曾任駐美墨秘等過大使。光緒二十七年回國以記名丞參授外務部右丞，光緒二十九年任新設商部左侍郎，光緒三十年遷任外務部右侍郎。參見錢實甫編，《清季職官年表》，中華書局 1980 年版；李貴連著，《沈家本傳》，法律出版社 2000 年版。

〔註41〕 陳煜，《清末新政中的修訂法律館》，中國政法大學出版社 2009 年版，頁 41。

〔註42〕 上海商務印書館編譯所編，《大清新法令·第一卷》，商務印書館 2011 年版，頁 195。

〔註43〕 上海商務印書館編譯所編，《大清新法令·第一卷》，商務印書館 2011 年版，頁 21。

〔註44〕 上海商務印書館編譯所編，《大清新法令·第一卷》，商務印書館 2011 年版，頁 285。

下，主要以原屬刑部律例館的人員具體辦事，修訂法律館並沒有自己專門的辦事章程、辦事人員和機構設置。第二，修律大臣沈家本爲刑部侍郎，伍廷芳爲外務部侍郎，而且伍廷芳光緒三十二年又被派駐美墨秘大使〔註45〕，兩位修律大臣分屬不同機構，難以統一辦事。第三，光緒三十二年清廷發布仿行立憲上諭，著改定官制，改革官制之後，刑部改爲法部責任司法，大理寺改爲大理院專掌審判，以使司法和審判大權分立，取司法獨立之效。原修律大臣、刑部侍郎沈家本則遷任新設大理寺正卿，這使得修訂法律的人事關係更爲複雜和混亂。這三個問題導致修訂法律館的修律工作難以統一行使，再加上官制改革以後，中央部院的調整導致修訂法律館的身份和權屬更加受到爭議，使該館無法獨立完整地展開修律工作。

二、憲政編查館與修訂法律館的獨立

如前所述，修訂法律館源於早年設於刑部之下的律例館，至修訂法律觀開館修律以後，由於修律大臣沈家本仍然爲刑部侍郎，所以，該館依然爲刑部附屬機構，缺乏獨立性。至官制改革以後，沈家本授任新設大理院正卿，大理院掌管審判事宜，刑部掌管司法事宜，取權力分立之效。然而在整個中央官制的改定過程中，修訂法律館的地位卻沒有得到很好的解決，尤其是在法部與大理院就司法權限的劃分引發部院之爭〔註46〕之後，雖然爭論並非因修訂法律的權限引起，但是隨著部院之爭擴大，再加上人事歸屬不清，修訂法律館的地位以及修律權的歸屬也受到了法部和大理院之間爭論的影響。

光緒三十三年五月初一日，改任大理院正卿張仁黼就修訂法律的組織機關、修律宗旨等問題首先發難，同一日兩次上奏，指出：「臣愚以爲修訂法律，以之頒佈中外，垂則萬世，若僅委諸一二人之手，天下臣民，或謂朝廷有輕視法律之意。甚且謂某某氏之法律，非出自朝廷之制作，殊非所以鄭重立法之道也。」將矛頭直指修律大臣、刑部侍郎沈家本，認爲沈家本有借修律侵

〔註45〕錢實甫編，《清季職官年表・第四冊》，中華書局1980年版，頁3045。
〔註46〕部院之爭是指官制改革以後法部和大理院就司法權限的分配、相互職能分工等問題發生的爭論。光緒三十三年四月初三日，法部奏酌擬司法權限摺並清單。接著大理院即於四月十二日上摺就法部所奏司法權限問題酌加釐訂，奏請裁決。部院之爭本未涉及修律問題，但由於沈家本的特殊身份，再加上後來清廷將大理院正卿沈家本與法部侍郎張仁黼互調，這才引起了修律權及修訂法律觀歸屬的爭論。見上海商務印書館編譯所編，《大清新法令・第一卷》，商務印書館2011年版，頁368～375。

奪皇權之嫌疑。張仁黼認爲：「請欽派各部院堂官，一律參與修訂法律事務，而以法部大理院專司其事〔註47〕」。其意圖很明顯，即要共同執掌修律權。對此，法部侍郎、修律大臣沈家本答覆到：「原奏所成修訂法律事體重大，擬請欽派部院大臣會訂，而以法部、大理院專司其事」等，「均屬切要之言」。後來，法部尚書戴鴻慈針對此事也上摺指出：「若夫編纂之事，委諸一二人之手，固覺精神不能專著。」戴鴻慈贊同張仁黼由法部和大理院專司修律事宜的意見，並對該意見做了補充，認爲應該「欽派王大臣爲總裁〔註48〕」，管領修律事宜。針對張仁黼批評的「某某氏之法律」，沈家本深感惶恐，在歷數修訂法律館近幾年來在翻譯各國法律，編訂古律，改定舊律方面的實績之後，提出：「臣學士淺薄，本未能勝此重任，加以進來精力日遜，每與官員討論過久，及削稿稍多，即覺心思渙散，不能凝聚，深懼審定未當，貽誤非輕。再四籌思，惟有仰懇天恩，開去臣修訂法律差使，歸併法部、大理院會同辦理，廣集眾思，較有把握」〔註49〕。沈家本的奏摺既有辯解的意思，又有宣戰的意圖。如此，關於修訂法律館的歸屬以及修律權的歸屬，瞬時成爲清末法制改革過程中急需明確的一個問題，尤其是在中央官制改革剛剛完成不久，各部院權限尚在釐定階段，而清末立憲又面臨一個權力分立的問題，修律權的歸屬即爲立法權的歸屬。如此，對修律權的歸屬和修訂法律館地位的明確界定就非常的必要。而這個結果最終由憲政編查館做出。

關於修訂法律館的地位及修律權的爭論發生在光緒三十三年五月至六月。而該問題的解決直至光緒三十三年七月五日憲政編查館成立以後才由憲政編查館做出最後定論並得以解決。前面我們數次提到，憲政編查館負責籌備立憲期間一切編製法規、統計政要諸事宜，而且在《憲政編查館辦事章程》第二條第三款明確指出：該館「負責考核修訂法律館所定法典草案，各部院、各省所訂各項單行法及行政法規。」其中法典草案就是指「由修訂法律館所編訂的民法、商法、刑法、刑事訴訟法、民事訴訟法諸法而言」〔註50〕。修

〔註47〕 故宮博物院明清檔案部編，《清末籌備立憲檔案史料·下冊》，中華書局 1979 年版，頁 834。

〔註48〕 故宮博物院明清檔案部編，《清末籌備立憲檔案史料·下冊》，中華書局 1979 年版，頁 841。

〔註49〕 故宮博物院明清檔案部編，《清末籌備立憲檔案史料·下冊》，中華書局 1979 年版，頁 838。

〔註50〕 故宮博物院明清檔案部編，《清末籌備立憲檔案史料·第一冊》，中華書局 1979 年版，頁 49。

訂法律館應該以獨立於法部和大理院的身份負責修律事宜，並直接向憲政編查館負責。

　　光緒三十三年九月初五日，草擬修訂法律辦法，就之前法部和大理院關於修律權及修訂法律館的地位問題給出最終的結論：

　　　　各國編纂法典，大都設立專所，不與行政官署相混，遴選國中法律專家，相與討論，研究其範圍，率以法典爲限，而不及各種單行法。誠以編纂法典，事務浩繁，故不能不專一辦理。原奏所謂特開修訂法律館，無論何種法律，均歸編纂一節，範圍太廣，擬請飭照各國辦法，除刑法一門，業由現在修訂法律大臣沈家本奏明草案不日告成外，應以編纂民法、商法、民事訴訟法、刑事訴訟法諸法典及附屬法爲主，以三年爲限，所有上列各項草案，一律告成。其所請欽派王大臣爲總裁一節，查修訂法律館之設，專爲編纂法典草案起見，將來尚須由臣館核定，該館似無庸再由王大臣管理，免致重複。又所請以法部、大理院專司其事一節，查立憲各國，以立法、行政、司法三項分立爲第一要義。今若以修訂法律館歸該部院管理，是以立法機關混入行政及司法機關之內，殊背三權分立之義。〔註51〕

　　根據此修律辦法，各部院及修訂法律館所編訂的法律法規盡歸憲政編查館核議，修訂法律館得以在身份上與各部院平行，脫離了刑部和大理院的束縛，得以獨立負責修律事宜。基於對之前身份和地位不明確而得到的教訓，根據憲政編查館制定的修律辦法，修訂法律館於光緒三十三年十一月十四日即奏請正式開館辦事，制定《修訂法律館辦事章程》十三條，館內設「提調、纂修等員及延聘東西法律名家」，由提調「奏調任用各員陸續到館」辦事，館內「設二科，分任民律、商律、刑事訴訟律、民事訴訟律之調查起草，設譯書處，任編譯各國法律書籍，設編案處，任刪定舊有律例及編纂各項章程，設庶務處，任文牘、會計及一切雜物。〔註52〕」

　　至此，修訂法律館眞正獲得了獨立的地位，根據《修訂法律館辦事章程》該館負責「擬定奉旨交議各項法律；擬定民商訴訟各項法典草案及其附屬法，

〔註51〕故宮博物院明清檔案部編，《清末籌備立憲檔案史料·第一冊》，中華書局 1979 年版，頁 850。

〔註52〕上海商務印書館編譯所編，《大清新法令·第二卷》，商務印書館 2011 年版，頁 113。

並奏定刑律草案之附屬法；刪定舊有律例及編纂各項章程。〔註53〕」並根據《憲政編查館辦事章程》，將所編訂律例法典及各項章程交付憲政編查館核議。至光緒三十四年，憲政編查館制定九年籌備立憲事宜清單，並命中央各部院將該機構根據籌備清單所應負責事宜開單臚列報憲政編查館負責，修訂法律館遂於宣統元年十一月二十五日將該館所應負責事宜奏報憲政編查館審議，開始在憲政編查館的統率下負責修律事宜。

本章小結

本章主要討論憲政編查館在清末修律中的活動。按照《憲政編查館辦事章程》，該館負責籌備憲政時期一切「編製法規」事宜，包括法典、行政法規、部門規章、地方性法規和單行條例。根據此章程，作為憲政之樞紐，憲政編查館核議修訂法律館制定的律典和各部院制定的法規及規章，並參與部份法律法規的制定，負責解釋部份法律法規的適用。在整個清末修律的過程中，憲政編查館協調各部門之間的關係，把握修訂法律法規的基本準則，在「大權統於朝廷」的基本前提下，以籌備立憲為目標，促進了清末時期新的法律體系的建立。

〔註53〕上海商務印書館編譯所編，《大清新法令·第二卷》，商務印書館2011年版，頁113。

第五章　立法權之爭
——憲政編查館與資政院

第一節　憲政編查館與資政院的聯繫

　　憲政編查館是清末憲政改革的樞紐，資政院則在清末代行議會職責，在清末仿行立憲的這個時期，這兩個機構一度共同存在。在這期間，兩機構之間的有頻繁的合作關係，也有人員的互相流動，可以說聯繫非常的緊密。但是同時，在清末官制改革以後設立的各機構之間，關係最緊張、糾紛最激烈的也莫過於憲政編查館與資政院了。通過仔細分析兩機構設立的原因，兩機構在清末新官制中的地位以及職權，我們發現，這一糾紛必然會產生，它從這兩個機構設立時就存在了。

一、接續與重合——憲政編查館與資政院的職權關係

　　憲政編查館是為籌備憲政而設的，設立於光緒三十三年七月初五日，在設立憲政編查館上諭中，清廷明確指出「從前設立考察政治館，為辦理憲政，一切編製法規、統計政要各事項，自應派員專司其事，以重責成。著即改為憲政編查館，資政院未開以前，暫由軍機處王大臣督飭原派該館提調詳細調查編定，以期次第實行。」根據這一上諭，不難發現憲政編查館在設立之時，是作為資政院的下屬機構而設計的。甚至可以說，資政院本是作為議會的預備機構享有立法權，進而主持清末立憲和修律事宜，然而由於資政院的設立在中央官制改革中被迫暫停，而籌備立憲又需要一個匯總的機構，於是憲政編查館則以代行資政院部份立法權的身份出現了。其設立初衷是一旦資政院

開院議事，憲政編查館即歸資政院管理，在資政院的管理下編製法規、籌備憲政，或者直接歸權於資政院。

資政院是國會的預備機構，它是在進行中央官制改革時作為開設國會訂立憲法的折中方案提出來的，初衷是為了使資政院行使立法權與行使行政權的內閣以及行使司法權的大理院形成三權分立之勢。

面對考察政治大臣、民間士紳、海外流亡維新人士定憲法開國會的陳請，以及革命黨人的壓力，清廷在發布宣示立憲先行釐定官制上諭時，藉口「目前規制未備，民智未開，若操切從事，塗飾空文，何以對國民而昭大信」，拒絕立即制定憲法召開國會，而只是作仿行立憲的表態，並著以改革官制為立憲作準備。但是官制改革時，又不得不面對憲政國家組織責任內閣掌行政權，開設國會掌立法權審核權的難題，於是編纂官制大臣就在新官制中請求開設資政院掌立法權、審計院掌國家歲入歲出經費，作為中間方案代替國會，資政院就以這種似是而非的代國會的身份出現了。但是，當編纂官制大臣將這樣一個折中方案提請裁定時，慈禧太后則在上諭中指出「資政院為博採群言，審計院為核查經費，著依次設立」。之後又於續訂地方官制籌備地方自治時，發布上諭認為「現在國民資格尚有未及，地方自治一時難以遽行」。由此導致資政院和資政院的直屬機構地方諮議局遲遲不能設立。後來，在群僚的反覆請願催促及民間廣泛的輿論〔註1〕壓力之下，資政院才得以召開。

〔註 1〕發布籌備立憲上諭以後，清廷中央權力機關以「民智未開」等原因將開設議院一事擱置不談，後來在官制改革中以資政院為國會預備機構，但對資政院的設立也著「以次設立」，不斷延後。對此，一些具有現代意識的士紳不斷上書諫言，或請求開國會，或請求改都察院為國會以立議院基礎。其中比較有影響力的包括御史徐定超《請速設議院保護華僑以維人心弭民變摺》，黑龍江巡撫程德全《請速開國會以救時艱片》，御史陸寶忠等奏《請改都察院為國議會以立下議院基礎摺》，湖南即用知縣熊範興等《請速設民選議院呈》，掌印給事中忠廉等奏《下議院亟須特別設立不可以都察院更改摺》，會議政務處議奏《都察院不可輕議更張摺》，舉人蕭鶴祥《請速開國會呈》，都察院代遞文耀等《懇請速開國會呈》。參見，故宮博物院明清檔案部編，《清末籌備立憲檔案史料》，中華書局 1979 年版。另外還有報界輿論就以「民智未開」為由緩開國會問題發表評論，其中最具代表性的有《東方雜誌》發表薩照直接就慈禧太后光緒三十二年七月十三日《預備立憲先釐定官制諭》以及九月二十日《裁定奕劻等核擬中央各衙門官制諭》中所稱「民智未開」等說法，撰寫《人民程度之解釋》，指出清廷顛倒因果關係，提出只有先立憲才能普及現代教育進而提高民智。載《東方雜誌・增刊》1907 年 2 月版。參見，《辛亥革命前十年時論選輯》，生活・讀書・新知三聯書店，1963 年版。

資政院的召開經歷了一個漫長的過程。其設立自釐定中央官制時提出，但直到光緒三十三年八月十三日清廷才頒佈上諭，著溥倫、孫家鼐出任資政院總裁，編纂資政院章程。最後直到宣統元年七月八日才發布《資政院院章》，同年九月十三日發布《資政院議員選舉章程》，而資政院召集會議則直到宣統二年八月二十日，開院典禮則是宣統二年九月一日，第一次正式開會議事則遲至宣統二年九月初二日。〔註2〕

根據《資政院院章》第十四條的規定，資政院的職權包括：

國家歲出入預算事件；

國家歲出入決算事件；

稅法及公債事件；

新定法典及嗣後修改事件，但憲法不在此限；

其餘奉旨交議事件。〔註3〕

根據這一條可知，資政院享有除憲法以外的立法權、法律的修改審核權以及國家的預算決算權。這些職權很大一部份是由憲政編查館代行的（憲法的起草權屬於憲政編查館）。然而，相比於剛剛成立的資政院，憲政編查館這個由軍機處王大臣總領的憲政樞紐，此時已經壯大成熟，而且隨著立憲工作的逐漸深入和擴展，憲政編查館的機構日漸豐滿，職權不斷強大，包括起草憲法大綱，編纂審核各項法典、單行法和行政法規，統計全國各項事務，考核憲政籌備情形等大權，可以說憲政編查館已經成了資政院很難應對的一個實權機構。於是，在清末的立憲過程中，資政院只能採取與憲政編查館分享權力，以會奏的方式行使自己的權力。〔註4〕這既體現了兩機構偕同合作的接續關係，更預示了兩機構之間的矛盾。

〔註2〕參見，《資政院議場會議速記錄》，李啓成點校，上海三聯書店2011年版。

〔註3〕懷效鋒編，《清末法制變革史料・上卷》，中國政法大學出版社2010年版，頁146。

〔註4〕這一情況主要體現在如下幾個於立憲關係非常的事務之中：《憲政編查館與資政院會奏憲法大綱暨議院法選舉法要領及逐年籌備事宜摺》，《憲政編查館會奏設立專科考核議院未開前應行籌備事宜的擬章程摺》，《憲政編查館會奏覆核各衙門九年籌備未盡事宜摺》，《憲政編查館等奏擬定各省諮議局並議員選舉章程摺》。這幾個奏摺所關係立憲事務，均為憲政編查館與資政院會奏辦理，奏摺末尾都會注明：「此摺係憲政編查館主稿，會同資政院辦理，合併聲明。」參見故宮博物院明清檔案部編，《清末籌備立憲檔案史料・上冊》，中華書局1979年版。

二、互動與合作——憲政編查館與資政院的人事聯繫

憲政編查館和資政院雖然爲兩個獨立的機構，但是憲政編查館的館員（包括在館人員和諮議官）卻有在資政院充任議員的（包括在憲政編查館卸職後選爲議員的和同時在兩個機構任職的）。再加上參與資政院日常議事的政府特派員中有大批是憲政編查館館員，所以從人事關係上看，憲政編查館和資政院有著密切的互動與合作關係。

憲政編查館共有在館職員在館人員 107 人，另有諮議官 64 人。〔註5〕資政院議員定額爲 200 人，包括民選議院和欽選議員兩種；其中民選議員定額 100 人，由各省諮議局互選；欽選議員定額 100 人，包括宗室王公世爵議員 16 人，滿漢世爵議員 12 人，外藩王公世爵議員 14 人，宗室覺羅議員 6 人，各部院衙門議員 32 人，碩學通儒議員 10 人，納稅多額議員 10 人。實際議員共 199 人，包括民選議員 98 人，欽選議員 101 人。〔註6〕資政院議員中，在憲政編查館任職的有 14 人，全部爲欽選議員，占欽選議員總數的 14%，其中 7 人爲各部院衙門官議員，占各部院衙門官議員的 44%，5 人爲碩學通儒議員，占碩學通儒議員的 50%，而且，在這 14 人中，憲政編查館二等諮議官金邦平擔任資政院秘書長，憲政編查館提調李家駒曾擔任資政院副議長及議長職位。此外，在資政院參與議事的 76 位政府特派員中，憲政編查館特派員爲 13 位，有憲政編查館任職身份的特派員爲 14 位，共 27 位，占政府特派的 36%。具體情況見下列兩表：

〔註 5〕 憲政編查館諮議官人員名錄，參考政治官報局，《政治官報》；劉汝錫《憲政編查館研究》；彭劍《清季憲政編查館研究》，北京大學出版社 2011 年版；程燎原《清末法政人的世界》，法律出版社 2003 年版。

〔註 6〕 資政院民選議員定額爲 100 人，由各省諮議局互選，各省議員人數分配爲：奉天 3 人、吉林 2 人、黑龍江 2 人、順直 9 人、江蘇 7 人、安徽 5 人、江西 6 人、浙江 7 人、福建 4 人、湖北 5 人、湖南 5 人、山東 6 人、河南 5 人、山西 5 人、陝西 4 人、甘肅 3 人、新疆 2 人、四川 6 人、廣東 5 人、廣西 3 人、雲南 4 人、貴州 2 人，後來由於新疆 2 人未選，所以資政院開院時民選議員爲 98 人。欽選議員定額亦爲 100 人，後原派兩議長之一孫家鼐於資政院開院之前（宣統元年）去世，後又緩派議員兩人，共 101 人。所以，資政院議員總額爲 199 人。資政院議員名額、分配及名錄，參考張朋園《立憲派與辛亥革命》，吉林出版集團 2007 年版；懷效鋒編，《清末法制變革史料·上冊》，中國政法大學出版社 2010 年版；《資政院議場會議速記錄》，李啓成點校，上海三聯書店 2011 年版。

資政院議員中的憲政編查館館員名錄：

姓　名	資政院情況	憲政編查館任職	備　註
李家駒	資政院議長	提調	1911 年 3 月代沈家本任資政院副議長，11 月代世續任資政院議長
勞乃宣	碩學通儒議員 議員座位號 80	參議 考核專科總辦	
吳廷燮	各部院衙門官議員 議員座位號 85	編製局局長 考核專科會辦	
陸宗輿	各部院衙門官議員 議員座位號 74	編製局副局長	
汪榮寶	各部院衙門官議員 議員座位號 73	編製局正科員	
胡礽泰	各部院衙門官議員 議員座位號 72	編製局副科員 考核專科副科員	
章宗元	碩學通儒議員 議員座位號 81	編製局副科員	
沈林一	碩學通儒議員 座位號 87	統計局局長 考核專科會辦	
劉澤熙	各部院衙門官議員 議員座位號 62	統計局副科員	
趙炳麟	各部院衙門官議員 議員座位號 64	考核專科會辦	
林炳章	各部院衙門官議員 議員座位號 57	考核專科正科員	
沈家本	碩學通儒議員	一等諮議官	1909 年 11 月至 1911 年 3 月任資政院副議長
陳寶琛	碩學通儒議員 議員座位號 82	一等諮議官	
金邦平	資政院秘書長	二等諮議官	

資政院政府特派員中的憲政編查館館員名錄〔註7〕：

姓　名	資政院 特派員身份	憲政編 查館中任職	所派機構 任職	備　註
寶熙	憲政編查館特派員	提調		
劉若曾	憲政編查館特派員	提調		
達壽	憲政編查館特派員	提調		
李家駒	憲政編查館特派員	提調		後曾先後出任資政院副議、長議長
章宗祥	憲政編查館特派員	編製局副局長		兼任民政部特派員
吳廷燮	憲政編查館特派員	編製局局長		後又任資政院各部院衙門官議員
楊度	憲政編查館特派員	參議 考核專科會辦		
陸宗輿	憲政編查館特派員	編製局副局長		後又任資政院各部院衙門官議員
董康	憲政編查館特派員	編製局副科員		
顧鼇	憲政編查館特派員	統計局副科員		
陸夢熊	憲政編查館特派員	統計局副科員		
許同莘	憲政編查館特派員	編製局副科員		
許寶蘅	憲政編查館特派員	總務處科員		
華世奎	軍機處特派員	官報局局長	軍機處 三品章京	兼憲政編查館特派員
楊壽樞	軍機處特派員	總核	軍機處 三品章京	兼憲政編查館特派員
高而謙	外務部特派員	一等諮議官	外務部 右參議	
陳籙	外務部特派員	編製局副科員		
延鴻	民政部特派員	統計局正科員	民政部右丞	
傅蘭泰	度支部特派員	一等諮議官	度支部右丞	

〔註 7〕 資政院中政府特派員共 76 人，分別由各本職機構特派至資政院，就其所屬機構的事務，參與資政院的審議、討論及決議，其中在憲政編查館擔任職位者有 27 人。

姓　名	資政院特派員身份	憲政編查館中任職	所派機構任職	備　註
晏安瀾	度支部特派員	二等諮議官	度支部候補參議郎中	
范源濂	學部特派員	二等諮議官	學部員外郎	
唐寶鍔	陸軍部特派員	編製局正科員		
盧靜遠	陸軍部特派員	統計局副科員	軍諮處第一司司長副參領	
曾鑒	法部特派員	一等諮議官	法部左丞	
陳毅	郵傳部特派員	統計局正科員		
邵福瀛	農工商部特派員	統計局副科員	農工商部郎中	
文斌	理藩部特派員	總務處幫總辦		

根據以上情況，可見憲政編查館和資政院在人事上有密切的聯繫。這一現象的產生與清末憲政改革本身有關，憲政改革在清末是一個全新的事物，它是自光緒二十七年開始的法制改革的一部份，由於改革走向更現代的新階段，走上了仿行西方建立立憲政體的新道路，因此需要很多新式的人才。但是由於新式人才的缺乏，而派遊學尚未具有深厚的積澱，因此，各個新式機構都是新舊人物參半，而新式人才也都是這幾年派洋留學歸國的那些人物。所以，就出現了一些人員在各個機構同時兼職的情況。〔註8〕這種情況方便了各個機構之間的協調與合作，簡化了新政改革和立憲的過程，避免了過多的不必要的人事上行政化的溝通和繁冗，但也同時隱埋了各機構間職責不清、職權衝突的糾紛。

第二節　憲政編查館與資政院的職權衝突

如上所述，憲政編查館跟資政院的衝突是必然的。資政院是議院的預備機構，是現代憲政觀念和制度下掌握立法權的唯一機構；而憲政編查館是籌備立憲的樞紐，有關憲政的所有事務都要由憲政編查館來統籌安排。於是，憲政編查館與資政院必然會出現職權的衝突，尤其是在立法權的歸屬問題上，憲政編查館與資政院難以共存。

〔註8〕關於新式人物在清末各個機構的任職情況，可參見程燎原著，《清末法政人的世界》，法律出版社2003年版。

一、衝突的起因——省諮議局與該省督撫權限紛爭

資政院與憲政編查館的權限糾紛起因於地方諮議局與該地方督撫之間的權限糾紛。在清廷發布仿行立憲之後，將開設地方諮議局、辦理地方自治，作為開通民智、馴養憲政精神的一個安撫人心、籌備憲政的必要步驟。然而地方諮議局開設以後，各地方諮議局作為省議會，與地方最高長官督撫之間的權力紛爭此起彼伏，這種地方性立法權與行政權的紛爭，最後引發了清廷中央的立法權紛爭，也就是資政院與憲政編查館的立法權紛爭。

（一）地方諮議局與督撫的權限

宣統三十三年清廷發布《著各省速設諮議局諭》，並著憲政編查館編纂諮議局章程及議員選舉章程。接著清廷於光緒三十四年六月發布諮議局章程並議院選舉章程，並命各省督撫「迅速舉辦，實力奉行，自奉到章程之日起，限一年內一律辦齊」。於是諮議局開始在各省設立。

諮議局的地位和權限，根據《諮議局章程》的規定：

第一條，諮議局欽遵諭旨為各省採取輿論之地，以指陳通省利病、籌計治安為宗旨。

第十四條，諮議局應辦事件如下：

議決本省應興應革事件

議決本省歲出入預算事件

議決本省支出入預算事件；

議決本省稅法及公債事件；

議決本省擔任義務之增加事件；

議決本省單行章程規則之增刪修改事件；

議決本省權利之存廢事件；

選舉資政院議員事件；

申覆資政院諮詢事件；

申覆督撫諮詢事件；

公斷和解凍本省自治會之爭議事件；

收受本省自治會或人民陳請建議事件。〔註9〕

〔註 9〕懷效鋒編，《清末法制變革史料・上冊》，中國政法大學出版社 2010 年版，頁
116～120。

　　根據以上兩條，可知地方諮議局可以說是地方議會，是主要職責負責地方的財政與籌辦地方自治的機構，地方的財政及自治事宜均由地方諮議局負責。

　　然而，清代的地方政府沿襲了明代的督撫制。在督撫制下，總督一般管轄兩省，也有像直隸總督這種特殊情況下管轄一省的，巡撫則主管一省。總督和巡撫的職權，按照《大清會典》的規定：「總督統轄文武，詰治軍民；巡撫綜理教養行政。」但是到了晚清時期，二者就沒有多大差別了，總督兼兵部尚書銜，有兵權，巡撫兼兵部侍郎銜，也有兵權，二者都是統轄文武，詰治軍民；同時總督兼右都御使銜，巡撫兼右副督御史銜，二者都有單獨參劾權及上奏權，而且督撫向皇帝負責，不受內閣、軍機處和六部的直接命令。由此可見，在清朝的地方政治中，督撫總攬地方政治、軍事、財政、教育大權，不僅是地方的行政長官，而且是地方政務的監督官。〔註10〕

　　顯而易見，設立地方諮議局以後，地方督撫與地方諮議局發生了職權重疊。仿行立憲下要進行地方自治，諮議局作為地方議會，自治權必然是由諮議局代為行使。但是，督撫制是明清地方幾百年的政治制度，作為地方最高長官，督撫不僅總領地方的政治、經濟，而且還握有兵權和參奏權。於是，矛盾就產生了。這些矛盾集中體現在河南印花稅案，湖南發行公債議決案，雲南鹽斤加價案以及廣西禁煙案。這四個案件中最能體現地方諮議局與該省督撫職權矛盾的，糾紛最多，在資政院討論最久，以及後來引起資政院與憲政編查館直接衝突的就是湖南發行公債議決案。

（二）湖南發行公債核議案

　　宣統二年十月，湖南巡撫楊文鼎〔註11〕在處理長沙等地因米價暴漲而滋生民變〔註12〕事件時，為彌補湖南省因清理變亂而產生的虧空，決定發行公債一百二十萬。然而巡撫楊文鼎在發行公債時並未提請湖南省諮議局決議通

〔註10〕 李劍農著，《戊戌以後三十年中國政治史》，中華書局1965年版，頁4。

〔註11〕 楊文鼎，江蘇武進人，宣統二年五月至宣統三年閏六月，任湖南巡撫。見錢實甫編，《清季職官年表・第二冊》，中華書局 1980 年版；《清實錄・第六十冊》，中華書局 1987 年影印版。

〔註12〕 宣統元年湖南澧州一帶發生水災，宣統二年，長沙、衡陽等地又發生旱災，頓時米價驟貴，宣統三月長沙地區民眾因米價太貴而發生哄搶事件，哄搶中事變升級，民眾焚燒巡撫官署，教堂，學堂，警局，銀行等。巡撫岑春煊因此被彈劾革職，由湖北署布政使楊文鼎接任湖南巡撫，處理民變事件。參見，中國第一歷史檔案館選編《辛亥革命前十年間民變檔案史料・上冊》，中華書局 1985 年版；《清實錄・宣統政紀》，中華書局 1987 年影印版。

過，而是直接上交度支部審批並將公債發行。湖南諮議局認為，根據《諮議局章程》第二十一條第四款的規定，各省諮議局有權「議決本省稅法及公債事件」，「湖南巡撫當時（發行公債時）應該交諮議局先為議決，議決之後再行上奏。而湖南巡撫並未交諮議局議決，即行上奏，在該撫實係侵權違法」。在湖南省諮議局提出異議後，湖南巡撫楊文鼎認為，「當此亂後之時，既不能請撥部款，又不能剝削商民，除了發行公債，並無別的辦法。而且發行公債是各省通行，並不是湖南一省擔任。如湖北、安徽等省都已辦過，並沒有交諮議局議決。」對此，湖南省諮議局予以極力反駁，「楊（文鼎）撫所說湖北、安徽等省發行公債，萬萬不能作比例，因為這幾省發行公債，在諮議局未開以前。而湖南發行公債，在諮議局既開以後。若說亂事以後，時勢倉促，不能交議，而五月之間，正式湖南開臨時會之時，何不交議？」〔註13〕因此，湖南諮議局認為湖南巡撫的行為實屬「侵權違法」。巡撫楊文鼎則反駁到：「此公債既經奏奉諭旨照准，諮議局是否有更改奏案之效力，應請核飭（諮議局）遵照。」對此，湖南諮議局認為該局按《諮議局章程》行使法定職權，巡撫所說實為不可理喻，《諮議局章程》為光緒三十四年上諭發布通行全國，「仰稟聖謨，薄海臣民咸宜恪守，楊撫授任封疆有翌憲政之責，煌煌欽章豈容不知之？而故以一奏嘗試，其欺罔朝廷，蔑棄憲典，不僅本局職權被其蹂躪，國家制度、法律效力一失，全國議局無可遵守。」雙方各執一詞，難以達成一致。於是，湖南省諮議局上報資政院，呈請資政院覆議此案。此外，湖南省諮議局將此案報送諮議局覆議後，廣西、四川、江蘇三省均致電資政院諮詢，要資政院「或說明湖南巡撫違法，或說明公債應否議交〔註14〕」。可見，此案在各省具有普遍性，已經到了在籌辦地方自治過程中「地方議會」與督撫爭權的白熱化階段，而且觸及到了建立憲政國家的關鍵問題，即對法律的遵守問題。此外，資政院覆議此案，對資政院作為「議會之預備」的地位，以及資政院職權地行使，也是一個極其嚴峻的考驗。那麼資政院是否有權覆議此案呢？

宣統元年七月初八日清廷發布上諭頒佈《資政院院章》，發布上諭中說：「資政院奏續擬院章並將前奏各章改定開單呈覽一摺，朕詳加披覽。該院自執掌以下八章與現定諮議局章程實相表裏，即為將來上下議院之始基，所擬

〔註13〕《資政院議場會議速記錄》，李啓成點校，上海三聯書店 2011 年版，頁 111。
〔註14〕《資政院議場會議速記錄》，李啓成點校，上海三聯書店 2011 年版，頁 112。

尚屬周妥，著京外各衙門一體遵行。」〔註 15〕根據該章程第二十一條、二十三條、二十四條的規定：

第二十一條，軍機大臣或各部行政大臣如有侵奪資政院權限，或違背法律等事，得由總裁、副總裁據實奏陳，請旨裁奪。前項奏陳事件，非有三分之二以上之同意，不得議決。

第二十三條，各省諮議局與督撫異議事件，或此省與彼省之諮議局互相爭議事件，均由資政院覆議，議決後，由總裁、副總裁具奏，請旨裁奪。前項覆議事件關涉某省者，該省諮議局所選出之議員不得與議。

第二十四條，各省諮議局如因本省督撫有侵奪權限或違背法律等事，得呈由資政院覆辦。前項覆辦事件，若審查屬實，照第二十一條辦理。〔註 16〕

可見，資政院為議院之基礎，行議院之責，對地方諮議局與該省督撫的異議或糾紛，有核查審辦之權。於是，湖南省諮議局將該省巡撫楊文鼎未交議決即發行公債一案報送資政院，資政院即於宣統二年九月二十九日下午就本案展開討論。

資政院在議決該案的時候，經歷了宣示法理，引用法律，議院討論，形成決議四個程序。

議員許鼎霖〔註 17〕首先陳述了資政院覆議該案的法理：「外國人說我們中國為無法律之國。我們中國並非沒有法律，不過不遵守法律。孟子云：『徒法不能自行；』諸葛武侯有言：『有法而不能用，與無法同。』有法律而不能遵守，遂與無法一般。先當預備立憲之時，諮議局是立法機關，資政院也是立法機關，所定之章若是不能遵守，則將來開了國會，亦是一個無法律之國。〔註18〕」接著，議員易宗夔〔註 19〕主張按照《資政院章程》第二十一至二十

〔註 15〕上海商務印書館編譯所編，《大清新法令·第六卷》，商務印書館 2011 年版，頁 71。
〔註 16〕懷效鋒編，《清末法制變革史料》P145；《大清新法令·第六卷》P90～98。
〔註 17〕許鼎霖，江蘇贛榆人，舉人出身，民選議員，議員號 115 號，入選為資政院議員時 52 歲。
〔註 18〕《資政院議場會議速記錄》，李啟成點校，上海三聯書店 2011 年版，頁 112。
〔註 19〕易宗夔，湖南湘潭人，日本法政大學肄業，民選議員，議員號 153，入選為資政院議員時 34 歲。

三條，以及《諮議局章程》第二十一條審議此案。最後，與會議員討論出一個大概意見，決定形成書面報告的形式將資政院處理意見上報皇帝裁奪。

三日後，宣統二年十月二日，資政院特任股員〔註20〕起草了《湖南發行公債核議案審查報告書》，提請資政院投票審議。最後，以到場議員超過三分之二的多數〔註21〕贊成通過，於是上摺提交皇帝裁奪。

在呈請皇帝裁決的奏摺中資政院的處理意見是：

> 查湖南省諮議局於（宣統二年）五月開臨時會，該撫籌辦此項公債，當時即應照章交議，乃該撫以並未交議之案，遽行入奏，迨九月諮議局開常年會，復不追交局議，是與朝廷設立諮議局，取決輿論之本旨，殊為不合。且《諮議局章程》係早經奏准頒行之件，即為全國應守之法律，該撫應如何恪遵辦理，乃事前則蔑視局章，而以援案奏請之文巧為蒙蔽，事後則藉口奏案，而以奉旨允准一語諉過朝廷。其為侵奪權限，違背法律，毫無意義，自應按照院章第二十四條規定，由資政院據實陳奏，請旨裁奪，並請飭下該撫仍將發行公債原案，交該諮議局照章議決。……臣院全體議員會議僉稱，該撫於局章顯有明文規定之處，故意違背，有心嘗試，情節較重，應否量予處分，出自聖裁，非臣院所敢擅擬。〔註22〕

「故意違背、有心嘗試、情節較重」，這是資政院對封疆大吏湖南巡撫違反《諮議局章程》事件所作的結論。從上述資料我們可以看出，資政院引經據典，步步為營，從法理、法律及邏輯上可以說是無懈可擊。但是資政院提請裁奪的結論是否就會成為該案的定論，進而成為中國歷史上第一個議會彈劾督撫案件的成功案例呢？

（三）皇帝裁奪──清廷中央對該案的處理

根據《宣統政紀》的記載：資政院奏湘省發行公債，未交諮議局議決，有違定章，請旨裁奪一摺。此次湖南發行公債，係奏經度支部議准之件，該撫未先交諮議局議決，係屬疏漏。既經部議，奉旨允准，著仍遵前旨辦理。

〔註20〕根據《資政院分股議事細則》，資政院內分為不同的股，負責不同的議案的文書工作。
〔註21〕參見前引《資政院院章》第二十一條。
〔註22〕上海商務印書館編譯所編，《大清新法令・第九卷》，商務印書館 2011 年版，頁 492。

嗣後各省有應交諮議局議決之按，仍著照章交議。〔註23〕

　　資政院耗費四天時間，近兩百各議員討論斟酌的奏案，最後則以「疏漏」二字了事。而且不僅對湖南巡撫楊文鼎沒有處分，該撫已發行的公債反而「既經部議，奉旨允准，著仍遵前旨辦理。」無怪乎當此諭旨送達資政院時，資政院議員大呼：「立憲國精神全在法律，督撫違背法律而不予處分，則資政院可以不必設，諮議局亦可以不必辦，憲亦可以不立！」這樣的結果也同時讓各省諮議局不寒而慄。議員黎尚雯〔註24〕在資政院大會上說：「湖南公債事件諮議局很激憤的，各省諮議局很注目的。……最可恨者，行政大臣任意蹂躪資政院、諮議局章程，萬一人心解體，何以立國？」〔註25〕議院劉春霖更是將矛頭直指軍機大臣和清廷立憲的本質：「『庶政公諸輿論』一語屢見於上諭，今資政院所議決的，不能不算輿論，現在何以忽然不公諸輿論呢？本議員想，造成這個原因的，就在軍機大臣。軍機大臣所以要使資政院議決的事無效力，因為軍機大臣有意侵資政院權，違資政院法。」而宣統二年，入直軍機的大臣有慶親王奕劻，文華殿大學士世續，文淵閣大學士那桐，東閣大學士鹿傳霖，法部尚書戴鴻慈，內閣學士吏部左侍郎吳郁生，貝勒毓朗以及體仁閣大學士徐世昌〔註26〕，而這幾位軍機大臣，奕劻是總領憲政編查館王大臣，其他幾人都是管理憲政編查館事務大臣。

　　於是，由各省諮議局提起，要求申明資政院權力範圍。在討論資政院權力範圍的過程中，鑒於湖南公債案等事件的深刻教訓，資政院各議員提出要與以軍機大臣管領的憲政編查館劃清權限，申明資政院立法範圍，有些議員甚至要求裁撤憲政編查館。進而，督撫與地方諮議局的職權紛爭就演變為中央機關職權的紛爭。憲政編查館和資政院的矛盾也開始公開化了。

二、衝突的核心——立法權的歸屬：憲政編查館還是資政院？

　　湖南發行公債核議案結束後，資政院深感地位遭到蔑視，權力遭到侵奪。而且，資政院一向視諮議局為其子機構，故而此案讓資政院有唇亡齒寒之感。

〔註23〕《清實錄・第六十冊》,《宣統政紀・卷四三》，中華書局 1987 年影印版，頁776。

〔註24〕黎尚雯，湖南瀏陽人，日本法政大學畢業，民選議員，議員號 151，入選資政院議員時 42 歲。

〔註25〕《資政院議場會議速記錄》，李啟成點校，上海三聯書店 2011 年版，頁 156～157。

〔註26〕錢實甫編，《清代職官年表・第一冊》，中華書局 1980 年版，頁 156。

用議員方還〔註27〕的話說：「去年各省諮議局開辦以來，本省舉行的章程都沒有交諮議局議決，然則諮議局之承諾權、贊定權都消滅了，其究竟因範圍未定，以致諮議局同督撫往往衝突。照以上的情形比較起來，恐怕將來資政院亦有到諮議局的地步，與其事後衝突，不若事前申明資政院立法範圍究竟如何。早早就定了，自然是沒有衝突了。現在憲政編查館、法律館所定的法律，他說是奉朝廷聖旨，殊不知這承諾權、贊定權是應該資政院有的。〔註28〕」此外，針對湖南公債核議案，議員汪榮寶提出資政院作為言論機關，在行使職權的時候要注意四個要點：

第一，要守定《資政院院章》；

第二，要認明資政院權限的範圍；

第三，要有公平的眼光；

第四，要有不撓不屈的精神。

並指出在湖南公債一案中，「資政院自己先沒有站住腳跟，口口聲聲講法律，口口聲聲說人家違背法律，究竟資政院自己在法律上的地位認清楚沒有？資政院自己在法律上的根據站穩沒有？」〔註29〕於是，自宣統二年十月初六日開始，在資政院會議中，提起了申明資政院立法範圍的議案，而且，在之後舉行的大部份議會中，成為每次都要討論的主要議題。這個主題就是立法權究竟應該由資政院來行使還是由憲政編查館來行使。

根據前文的研究，憲政編查館作為晚清憲政改革的樞紐，執掌晚清憲政改革時期包括憲法在內的一切法律、法規、行政規章的編定和考核。那麼憲政編查館具有一切關係憲政的立法權。

但是，根據改立考察政治館為憲政編查館上諭：

> 從前設立考察政治館，原為辦理憲政，一切編製法規、統計政要各事項，自應派員專司其事，以重責成。著即改為憲政編查館，資政院未設以前，暫由軍機處王大臣督飭原派該館提調詳細調查編定，以期次第施行。〔註30〕

又，根據憲政編查館會奏設立專科考核議院未開前應行籌備事宜酌擬章

〔註27〕 方還，江蘇崑山人，民選議員，議員號121，入選資政院議員時43歲。

〔註28〕 《資政院議場會議速記錄》，李啓成點校，上海三聯書店2011年版，頁150。

〔註29〕 《資政院議場會議速記錄》，李啓成點校，上海三聯書店2011年版，頁195。

〔註30〕 故宮博物院明清檔案部編，《清末籌備立憲檔案史料·上冊》，中華書局1979年版，頁45。

程摺：

> 臣等伏查議院未開以前應行籌備各事宜，事體重要，端緒紛繁，內而各部院，外而各督撫，均有應行編輯、調查、釐定、舉辦之事。九年期限，不容稍有逾違，必須有提綱挈領之處，隨時考察，按限督催，方能日起有功，不致因循貽誤。臣等公同商酌，擬即遵旨於臣館設立專科，派員經理，名曰考核專科，遴派總辦以下各員，專司考核京外各衙門應行籌備各事，遵照欽頒九年定限清單，按期考核。〔註31〕

可見，憲政編查館的編製法規、統計政要、考核憲政等職權，都是暫代議院行使，待開議院以後，按照立憲國家三權分立的理論，諸種立法權和審議權等權力均應交付議院行使。

那麼，資政院是否是就是晚清的議院呢？

根據《資政院章程》第一條和第十四條的規定：

> 第一條，資政院欽遵諭旨，以取決公論，預立上下議院基礎為宗旨。
>
> 第十四條，資政院應行議決事件如下：
>
> 國家歲出入預算事件；
>
> 國家歲出入決算事件；
>
> 稅法及公債事件；
>
> 新定法典及嗣後修改事件，但憲法不在此限；
>
> 其餘奉特旨交議事件。〔註32〕

資政院是為議院的預備和基礎。對此，資政院議員劉瑋〔註33〕指出：「資政院雖非具有完全議院之性質，而不能不具有完全議院之精神。」

然而，作為具有議院精神的資政院子機構地方諮議局卻無權決議該地方發行公債，而資政院的懇請處罰違法督撫的奏摺也竟然被忽視。可見，資政院的職權沒有得到充分的行使，資政院的地位也沒有得到應有的尊重和維

〔註31〕故宮博物院明清檔案部編，《清末籌備立憲檔案史料·上冊》，中華書局1979年版，頁69。

〔註32〕上海商務印書館編譯所編，《大清新法令·第六卷》，商務印書館2011年版，頁89～98。

〔註33〕劉瑋，四川榮縣人，四川高等學堂畢業，民選議員，議員號為180，入選資政院議員時30歲。

護。是什麼造成了資政院這樣尷尬的局面呢？議員劉瑋認為此事「從根本上之研究，非裁撤憲政編查館萬萬不可。裁撤憲政編查館，即以保持資政院立法獨立之權，而後資政院得以其權能監督政府。」將矛頭直接指向了由軍機大臣管領的「憲政樞紐」憲政編查館。

為什麼要裁撤憲政編查館呢？裁撤憲政編查館與資政院是否能夠真正的行使議會的職權真的有非常之關係嗎？對此，議員劉瑋從法理上論述道：

> 查立法、行政兩權分立，立憲國之通例也。今憲政編查館仿立憲國法制局之制，自應隸於政府管轄之下，何以憲政編查館對於立法事項既司編定核定之權，對於行政機關又復發強大之命令。名實不符，政體混亂，此憲政編查館當裁撤以申明資政院立法之範圍者一也。各省督撫與各省諮議局衝突事件處處皆然，而憲政編查館往往壓制諮議局而扶助督撫，督撫即利用憲政編查館而反對諮議局，故數十字之館電頃刻即可消無數議員之公論，諮議局因此而失其權力者，不可以道理計也。今資政院對於中央政府有利害之關係，猶之各省諮議局對於督撫有利害之關係；憲政編查館既可以扶助督撫，安知不以捍衛樞府之手段而反抗資政院，此應當裁撤憲政編查館以維持資政院立法獨立之範圍者二也。資政院未開以前，憲政編查館所侵佔者，無一非資政院之權。資政院既成立以後，憲政編查館仍復侵越資政院之權，是憲政編查館存而資政院萬無存立之理由，此憲政編查館當裁撤以鞏固資政院立法獨立之範圍者三也。

劉瑋議員從憲政編查館的地位不合法、職權不合法、行為不合法三個方面將憲政編查館的存在歸結為資政院無法正常行使欽定章程所賦予的權力的罪魁禍首。而且，劉瑋議員從憲政改革長遠計劃的角度再次論述裁撤憲政編查館對清末立憲的必要性：「憲政編查館既裁撤，即可改為法制局，統歸於會議政務處，而後政務處負憲政籌備之責任；如建立責任內閣，建設議院，庶乎可望有成。不然資政院空言立法，誠恐法未立而擅作威權者早已窺伺其旁，不至侵越權限，摧殘輿論不已也。故本員敢斷言之曰，憲政編查館不裁，資政院萬無完全立法之權，即國會亦萬無速開之理。」議員雷奮 [註34] 也指出：「資政院以外是否還有憲政

〔註34〕雷奮，江蘇華亭人，日本早稻田大學畢業，民選議員，議員號117，當選資政院議員時33歲。

編查館？所謂憲政編查館者，是否與外國法制局一樣，都可以不問。只問資政院既為國家立法機關，應當有何等之立法範圍。」議員易宗夔則指出憲政編查館與資政院職權的重疊問題：「光緒三十三年設立憲政編查館，專司編纂關於憲政之法典，純是立法機關；當我們資政院成立以後，屢次有侵奪權限的地方。所以我們要申明資政院立法範圍，非與該館劃清界限不可。」「該館當資政院未成立以前，由軍機領銜，握行政上最高之權，一方面編制法典，一方面發布行政處分。我們資政院成立以後，該館對於本院許多侵權的地方。〔註35〕」可見，該議員將憲政編查館置於資政院的對立面，甚至於晚清建立憲政的對立面，並且將矛頭指向了憲政編查館的總領軍機大臣，尤其是軍機王大臣奕劻。

三、衝突的延伸：憲政編查館與資政院的地位之爭

宣統二年十一月二十七日，針對湖南公債核議案及其引發的一系列事件，憲政編查館一等諮議官劉廷琛〔註36〕上摺參劾資政院，指責資政院「持重者不敢異同，無識者隨聲附和，始而輕蔑執政，繼而指斥乘輿，並有包藏禍心」。此摺上奏皇帝後，批覆為「著憲政編查館知道」。該奏摺及批覆在資政院內引起軒然大波。根據《資政院章程》第四十二條的規定：「資政院議員，於本院議事範圍內所發言論，不受院外之詰責。」〔註37〕資政院本來就是政府取決公論之地，資政院議員在資政院院會上的一切言論都享有豁免權，而憲政編查館諮議官竟然就資政院議員在院會正常事務上的發言上摺彈劾。資政院議員易宗夔憤慨地說：「大學堂監督劉廷琛有一個參資政院的摺子，這是最奇怪的事，資政院是代表全國人民意思的機關，今劉廷琛以個人的資格奏參全院二百代表……」他斥責劉廷琛為「無恥之小人，人民之公敵。」對於將奏摺「著憲政編查館知道」的批覆，易宗夔指出：「這個無價值的奏摺本可以置之不理，不過這個摺子上去，居然交旨下來，『著憲政編查館知道』，可見朝廷儼然以為憲政編查館為資政院的上級機關。」〔註38〕憲政編查館與資政院的衝突上升到了釐清兩機構地位的問題上來了。這個問題在資政院內並不只一次提出來。

〔註35〕《資政院議場會議速記錄》，李啓成點校，上海三聯書店，頁233。
〔註36〕劉廷琛，江西德化人，光緒二十年選庶吉士，曾赴日考察學務，官制改革後任學部右參議，光緒三十四年改授大學堂總監督，並兼任憲政編查館一等諮議官。
〔註37〕上海商務印書館編譯所編，《大清新法令・第六冊》，商務印書館2011年版，頁89～98。
〔註38〕《資政院議場會議速記錄》，李啓成點校，上海三聯書店，頁504。

　　宣統二年八月二十四日，憲政編查館通電各省督撫，凡該省與資政院有關事件，該省可派員到京向主管部門陳述意見，並准到資政院旁聽。此電文引起資政院議員的強烈不滿，認爲「各省派員到資政院旁聽與否，應由資政院允許，與該館（憲政編查館）何干？〔註39〕」

　　可見，資政院在設立以後，不僅其立法權被憲政編查館佔有，其立法機關的地位，議會之預備的地位始終沒有得到認同。而這種身份的缺失在資政院內部也存在著。

　　宣統二年十月初二日，議員易宗夔就質問資政院議長：「對於憲政編查館應該用諮請文書，何以議長這兩次對於憲政編查館用諮呈字樣？這『諮呈』二字是下級官廳對於上級官廳所用的，我們資政院與他是平等的地位，如何用『諮呈』字樣？」對此，議長溥倫的答覆是：「向例凡是有親王做堂官的，雖是平行衙門，也要用『諮呈』字樣；沒有親王做堂官的衙門，始用『諮請』字樣。」〔註40〕

　　顯然，連資政院議長本身，也一度認爲憲政編查館的地位高於資政院。不過，憲政編查館的地位高於資政院，並不是因爲該機構的法定職權或地位，而是因爲該機構的管領大臣慶親王奕劻以及其他憲政編查館管理事務大臣。

（一）憲政編查館的管理事務大臣

　　我們前文說過，憲政編查館是清末「憲政之樞紐」，但是，這些描述太過抽象，還不足以體現憲政編查館在清末新政中的地位。

　　根據改考察政治館爲憲政編查館上諭，憲政編查館由「軍機處王大臣督飭」管領，此處所謂軍機處王大臣，即爲慶親王奕劻。奕劻在清朝末年權傾一時，是清末權臣。奕劻於光緒十年冊封郡王，光緒二十年晉封親王，光緒三十年入値軍機處爲首任軍機大臣直至宣統三年撤銷軍機處組建內閣。從光緒十年至宣統三年的二十八年期間，奕劻自光緒十年始任總署大臣〔註41〕，光緒十一年即爲首任總署大臣，光緒二十七年總理各國事務衙門改爲外務部

〔註39〕《資政院議場會議速記錄》，李啓成點校，上海三聯書店，頁233。

〔註40〕《資政院議場會議速記錄》，李啓成點校，上海三聯書店，頁125。

〔註41〕總署大臣，是總理各國事務衙門大臣的簡稱。總理各國事務衙門初名爲總理各國通商事務衙門。恭親王奕訢以中外交涉不限於通商，爲免外人滋生疑慮，對外簡稱總理各國事務衙門，刪去「通商」二字，通稱爲總理衙門，簡稱爲「總署」或「譯署」。後來，清廷於光緒二十七年設置「班在六部之上」的外務部，代替總理各國事務衙門。參見：郭廷以《近代中國史綱》，格致出版社2009年版；錢實甫編，《清季職官年表》中華書局1980年版。

後，奕劻則一直擔任外務部總理大臣。光緒二十七年設立督辦政務處時，奕劻則以軍機處王大臣總領政務處，直至宣統三年該機構撤銷。

此外，前文所述憲政編查館的人事，我們可以發現，憲政編查館除了由軍機處王大臣奕劻總領館務外，還有軍機大臣世續、鹿傳霖、袁世凱、張之洞、載澧、那桐、戴鴻慈、吳郁生、毓朗、徐世昌任憲政編查館事務大臣。其中，載澧封醇親王，入值軍機處為軍機大臣；世續、鹿傳霖為內閣學士，入值軍機處為軍機大臣；袁世凱、那桐、戴鴻慈、吳郁生、毓朗為部院大臣，入值軍機處為軍機大臣；張之洞為內閣學士、湖廣總督，入值軍機處為軍機大臣。而且，在宣統三年四月設立責任內閣時，清廷還專門頒佈上諭：「著內閣總理大臣協理大臣均兼充憲政編查館大臣」。〔註42〕

這裡，我們將清末憲政改革時期的軍機大臣、政務處（督辦政務處已改為會議政務處）大臣、內閣大臣與憲政編查館管理事務大臣做一個橫向比對〔註43〕：

時　　間	軍機大臣	政務處大臣	內　　閣	憲政編查館事務大臣
光緒三十三年	奕劻、世續、瞿鴻機、林紹年〔註44〕、鹿傳霖、載澧、張之洞、袁世凱	奕劻、王文韶〔註45〕、孫家鼐、鹿傳霖、瞿鴻機、榮慶、張百熙〔註46〕、徐世昌、鐵良、張之洞、袁世凱		奕劻、世續、鹿傳霖、袁世凱、張之洞、載澧、那桐、戴鴻慈、吳郁生、毓朗、徐世昌〔註47〕

〔註42〕 上海商務印書館編譯所編，《大清新法令・第十一卷》，商務印書館 2011 年版，頁 186。
〔註43〕 表格參考，錢實甫編，《清季職官年表》（一至四冊）中華書局 1980 年版。
〔註44〕 瞿鴻機於光緒三十三年五月即被解職，林紹年於光緒三十三年七月初四即派任河南巡撫，亦從軍機處解職。此二人於設立憲政編查館之前就已經離開了軍機處。
〔註45〕 王文韶，光緒三十三年五月因病告休，光緒三十四年去世。於設立憲政編查館之前即離開軍機處。
〔註46〕 張百熙於光緒三十三年二月即已去世。
〔註47〕 憲政編查館管理事務大臣中，袁世凱於光緒三十三年七月二十七日到任，載澧於光緒三十四年一月一日到任，那桐於光緒三十四年十二月十一日到任，戴鴻慈於宣統元年一月到任，吳郁生、毓朗和徐世昌於宣統二年到任，其他均與憲政編查館開辦之日即光緒三十三年七月五日到任。

時　　間	軍機大臣	政務處大臣	內　　閣	憲政編查館事務大臣
光緒三十四年	奕劻、載灃、世續、張之洞、鹿傳霖、袁世凱、那桐	奕劻、孫家鼐、張之洞、鹿傳霖、榮慶、鐵良、袁世凱、徐世昌		
宣統元年	奕劻、世續、張之洞、那桐、鹿傳霖、戴鴻慈	奕劻、孫家鼐、張之洞、鹿傳霖、榮慶、鐵良、徐世昌		
宣統二年	奕劻、世續、那桐、鹿傳霖、戴鴻慈、吳郁生、毓朗、徐世昌	奕劻、鹿傳霖、榮慶、徐世昌、鐵良、載洵〔註48〕		
宣統三年	奕劻、毓朗、那桐、徐世昌	奕劻、榮慶、徐世昌、載洵	奕劻、那桐、徐世昌〔註49〕	

　　根據此表格，我們可以發現，凡是軍機大臣均為憲政編查館管理事務大臣，而且，新任軍機大臣均於入值軍機處之後立即授任憲政編查館管理事務大臣職位。而政務處大臣中，除了孫家鼐、榮慶、鐵良以外，都任憲政編查館管理事務大臣。而且，憲政編查館的奏摺均須這些大臣副署方能有效〔註50〕。

　　由此可知，雖然憲政編查館在清末是一個僅存不到五年的過渡性機構，但是，隨著清末走向憲政改革，憲政編查館的地位、性質、職權可以說是在仿照光緒二十七年設立的「督辦政務處」的基礎上，完全將「督辦政務處」（會議政務處）取而代之。而且，作為「憲政之樞紐」，憲政編查館將親王、軍機大臣、政務大臣等朝廷的最有權勢的大員集合在一起，同為該館管領事務大臣，使得憲政編查館成為清末憲政改革時期管理一切憲政改革事務的最高權力部門。縱觀整個清朝的歷史，在清末因為籌辦憲政而設立憲政編查館，其狀況和情形恰似雍正時期因為屢次用兵而設置的軍機處。在清末憲政改革的整個過程中，憲政編查館成為統領中央各部和地方各省的最高機構，它直接向皇帝負責，不受其他任何機構的命令，籌辦全國的憲政，掌管全國的立法，審議全國的事務，集立法權行政權與一體，儼然清末的一個「新軍機」。

〔註48〕載洵，宣統二年六月充任參與政務大臣，宣統三年六月就又被撤。
〔註49〕奕劻為內閣總理大臣，那桐、徐世昌為內閣協理大臣。
〔註50〕參見，第二章第一節，憲政編查館奏稿圖。

（二）資政院的地位

資政院在清末新政改革中的地位如何？設立資政院的目的是什麼？這似乎是一個非常明確的問題。然而，就是在資政院的存續期間，資政院的職權和地位地位都是一個非常複雜的問題。

根據資政院第一次常年會會議第一號議場速記錄，宣統二年八月二十日上午九點三十分，資政院議長溥倫主持召開資政院預備會議，在預備會議上的致辭中，議長溥倫說：「今天是資政院第一次召集，爲我中國數千年以來沒有行過的盛典，本院一切事宜自應遵照奏定章程、規則辦理，務望諸位協力匡助，共襄盛舉。〔註 51〕」到九月初一日，資政院正式開院典禮之時，監國攝政王、軍機大臣、大學士、各部尚書等諸人均到場觀禮。軍機大臣慶親王奕劻宣讀資政院開院諭旨：「資政院爲上下議院之基礎，尤爲立憲政體之精神，……上爲朝廷竭協贊之忠，下爲民庶盡代議之責……」監國攝政王也在宣示訓詞中指出：「資政院爲代表輿論之地，各議員等皆朝廷所信任，民庶所推崇，必能殫竭忠誠，共襄大計，擴立憲之功用，樹議院之楷模。〔註 52〕」

由此可知，資政院的設立是本著仿行西方憲政國家，創建代議制政府，建立議會之基礎，其身份是現代議院的職權。這一點，我們可以根據其他材料進行相互印證。

《設立資政院派溥倫孫家鼐爲總裁併會同軍機大臣擬定院章諭》（光緒三十三年八月十三日清廷發布）：

> 立憲政體取決公論，上下議院實爲行政之本。中國上下議院一時未能成立，亟宜設資政院以立議院基礎，著派溥倫、孫家鼐充該院總裁。

《資政院章程》（宣統元年七月初八日）：

> 第一條，資政院欽遵諭旨，以取決公論預立上下議院基礎爲宗旨。

顯然，資政院從設立伊始就是以議院的精神和性質來設計的。按照三權分立的原則，議會是立法機構，其職責主要是制定、修改法律，以及監督政府官員。所以，立法權、監督權和選舉權是議會的三大職權。不過，在清末的憲政改革中，清政府的目的並不是要建立議會至上君主虛位的英國式政

〔註 51〕《資政院議場會議速記錄》，李啓成點校，上海三聯書店，頁 1。
〔註 52〕《資政院議場會議速記錄》，李啓成點校，上海三聯書店，頁 4。

體，也不是要建立民主共和三權分立的美國式政體，而是要取法日本〔註53〕，
建立君主執掌國家大權的君主立憲政體，鞏固君主的十七項大權，這十七項
大權首要的幾項即是圍繞立法、監督和選舉：「裁可法律，公佈法律，執行法
律，由君主；召集議會，開會、閉會、停會，及解散議會，由君主；任官免
官，由君主。」所以，清廷在發布逐年籌備事宜時，在關於開設議院及議院
職權的《議院法要領》中就明確指出了在清末建立的憲政體制中議院的地位：

> 議院只有建議之權，並無行政之責，所有決議事件，應恭候欽
> 定後，政府方得奉行；議院提議事件，需關乎全國共同利害者，不
> 得以一省尋常地方之事提議；君上大權所定，及法律上必須之一切
> 歲出，非與政府協議，議院不得廢除刪削。其細目另於會計法內定
> 之；國家之歲入歲出，每年預算，應有議院之協贊；行政大臣，如
> 有違法情事，議院只可指實彈劾。其用捨之權，仍操之君上。不得
> 干預朝廷黜陟之權；議院所議事件，必須上下議院批次決議後，方
> 可奏請欽定施行；議員言論，不得對朝廷有不敬之語，及污蔑毀辱
> 他人情事，違者分別懲罰。〔註54〕

由此可知，從制度設計及職權分配上來看，清末所要設立的議院，並非
是三權分立下獨享立法權的議會，而是要像皇帝負責的「取決公論」的「建
議」機構。當資政院開會議事時，資政院議長及諸位議員都認為資政院是「為
上下議院之基礎，尤為立憲政體之精神」，資政院開會是「為我中國數千年以
來沒有行過的盛典」。於是各個議員摩拳擦掌，要「上為朝廷竭協贊之忠，下
為民庶盡代議之責」。哪知，這個資政院有議院之名，卻無議院之實。所以，
當資政院議員劉瑋理直氣壯得指出：「資政院雖非具有完全議院之性質，而不

〔註53〕 考察政治大臣在考察情形摺中論述到美國的政治時，明確地指出「美以工商
立國，純任民權，與中國政體本屬不能強同」；而於英國政體，考察政治大臣
也認為「其設官分職，頗有複雜拘執之處，自非中國政體所宜」。對於日本政
體，認為「日本立國之方，公議共之臣民，政柄操之君上，民無不通之隱，
君有獨尊之權。」對日本政體倍加讚賞。後來考察政治大臣載澤在奏請立憲
密摺中再次陳請仿行日本體制進行日本式的君主立憲：「尊崇國體，鞏固君
權，……以日本憲法考之，證以伊藤侯爵之所指陳，穗積博士之所講說，君
主統治大權，凡十七項……」。見故宮博物院明清檔案部編，《清末籌備立憲
檔案史料・上冊》，中華書局1979年版。

〔註54〕 故宮博物院明清檔案部編，《清末籌備立憲檔案史料・上冊》，中華書局1979
年版，頁59～60。

能不具有完全議院之精神」之時，他恰恰正確地說出了清末憲政改革的制度性問題。

四、衝突的本質——名實不符權責不清

根據以上的敘述，我們可以發現，憲政編查館與資政院的矛盾主要就是在於名實不符權責不清。憲政編查館在設立之時，其職責是在開設議院以前，編纂法典、統計政要，主要為開設議院實行憲政做籌備。然而，隨著憲政編查館地位地逐漸提高，職權地日漸擴大，憲政編查館逐漸成為清末憲政的權力匯總機構，其職權和地位在中央各部院及地方督撫之上，統轄立法、行政大權，直接向皇帝負責，成了清末的「立憲新軍機」。

相比之下，資政院作為議院之基礎，應享有立法權、監督權。在其開院之後，憲政編查館本應按其設立之時的上諭歸權資政院。但是，出於「鞏固君權」的目的，資政院雖有議院基礎之名，而無議院之實。對於立法權，資政院只能以會奏協贊的方式參與；對於監督權，在資政院彈劾軍機和奏議撤銷憲政編查館後，竟遭大學堂總監奏摺參劾，而參劾資政院的奏摺竟要「交憲政編查館知道」。可見，資政院在清末憲政改革中，根本無法發揮其立憲政體下分權的目的，而只能是一個「博採公論」的點綴。

第三節　「清權限而專責成」——詬病的皇族內閣與　　　　遲到的三權分立

清末仿行立憲是要建立現代西方的立憲政體，開設國會、組建內閣、統一司法，實現立法、司法和行政三權分立，通過建立向議會負責的責任內閣制，實現中國從專制君主政體向現代的立憲君主政體的轉變。但是憲政編查館這一機構的出現，在清末的憲政改革中卻是一把帶來兩種截然相反的後果的雙刃劍。一方面，作為憲政樞紐，憲政編查館使得清末的憲政改革可以統籌規劃提高效率，並且如前文所述，確實取得了非常卓著的實績。但是另一方面，憲政編查館「新軍機」的地位，卻也給清末的憲政改革帶來了兩個大問題。首先，憲政改革的目的是要建立立法、行政、司法三權分立的現代憲政國家的政治體制，而憲政編查館總攬大權於一身，下統轄中央各部院與地方行省，上直接向皇帝負責，這種「新軍機」的出現使得清末的憲政改革回

到了君主專制的老路上，而與憲政國家的精神恰好背道而馳；其次，憲政編查館集立法、行政權於一體，使得資政院作爲國會的預備機構，難以發揮其國會的作用，使得清朝末年資政院通過國會議案的方式進行非暴力的政治革命進而改變中國社會的可能性趨於爲零。

所以，甚至可以說，憲政編查館在立憲和修律上的成就有多大，其對清末仿行立憲的破壞就有多大；憲政編查館在立憲和修律的大道上走得越遠，清末的中國距離憲政的實現就更遠。這不得不說是一個非常大的諷刺與遺憾。

在現代的立憲政體的政府權力分配理論下，不論是中央政府還是地方政府，都要對政府的權力進行分配，這種權力分配要遵從「三權分立」、「不得兼職」等原則。然而，在仿行立憲過程中，爲了將「大權統於朝廷」，清廷違背了立憲的基本原則，使得考察政治、修訂法律、官制改革、籌備憲政、地方自治等累累碩果無處安身。最後落了個全國請願、革命蜂起，迫於形勢，清廷再次發布上諭組織責任內閣改革中央官制。

宣統三年四月初十日，清廷發布上諭組建責任內閣，著奕劻爲內閣總理大臣，那桐、徐世昌爲內閣協理大臣，梁敦彥爲外務大臣，善耆爲民政大臣，載澤爲度支大臣，唐景崇爲學務大臣，蔭昌爲陸軍大臣，載洵爲海軍大臣，紹昌爲司法大臣，溥倫爲農工商大臣，盛宣懷爲郵傳大臣，壽耆爲理藩大臣。〔註55〕

宣統三年五月二十七日，清廷發布上諭，設立責任內閣屬官制暨內閣法制院官制。同時，將「所有憲政編查館、吏部、中書科、稽查欽奉上諭事件處、批本處等衙門，著一併裁撤。其所管事項，與已經裁撤之舊設內閣、軍機處、會議政務處所館事項，凡應併入內閣辦理者，同即分別接管。舊軍機大臣之繕書房，著改隸於翰林院。至各衙門應行劃入事項及應劃歸各衙門事項，均著妥愼交接，以清權限而專責成。」〔註56〕

但是在十三位新任內閣及部院大臣中，滿人爲九人，漢人僅爲四人，打破了清朝一直以來的部院大臣滿漢平分的慣例，而且，掌握國家政治、經濟、軍事命脈的民政、度支、陸軍、海軍、司法、農工商、理藩都爲滿洲貴族把持。所以，該內閣被譏諷爲「皇族內閣」。其內閣官制頒佈及內閣法制院官制

〔註55〕 上海商務印書館編譯所編，《大清新法令·第十一冊》，商務印書館 2011 年版，頁 186。

〔註56〕 上海商務印書館編譯所編，《大清新法令·第十一冊》，商務印書館 2011 年版，頁 274。

頒佈不久，各省諮議局議長即聯名上書，指出「君主不擔責任，皇族不組織內閣爲君主立憲國唯一之原則」，斥「皇族內閣不合立憲公例請另組責任內閣」〔註57〕。而資政院總裁世續也率資政院上書，指出「內閣應實負責任，不任懿親，懇請明降諭旨，另簡賢能組織責任內閣。」〔註58〕於是，在輿論的壓力及革命的威懾下，奕劻內閣被迫辭職。最後，由資政院於宣統三年九月十九日遵照《憲法信條十九條》選舉袁世凱爲內閣總理大臣〔註59〕，另行組閣。

　　內閣大臣被迫辭職，資政院依法選舉內閣總理大臣，這在中國是破天荒的第一次。但是，這次內閣的辭職與依法選舉已經不能使得清廷幻想建立君主立憲政體了，革命的爆發以血的事實告訴覆亡的清政府：一切都來的太遲了。

本章小結

　　本章從憲政編查館與資政院的關係入手，分析清末法制改革的制度性問題。憲政編查館和資政院都是清末法制改革中的新機構，前者是清末籌備立憲時期的樞紐，同時握有行政權和立法權；後者是清末的準議會組織。按照憲政制度的基本理論，資政院應該享有最高的立法權。於是，在憲政編查館和資政院之間自然就產生了立法權衝突。這個衝突由地方諮議局與地方督撫的矛盾引起，以資政院議員要求裁撤憲政編查館而進入白熱化。然而，其根源卻是立憲制度的核心問題，即權力的分立與立法權的歸屬。筆者從這個角度來討論清末立憲存在的制度性問題，這或許是認識清末法制改革的一個具有當代意義的視角。

〔註57〕故宮博物院明清檔案部編，《清末籌備立憲檔案史料・上冊》，中華書局1979年版，頁577。

〔註58〕故宮博物院明清檔案部編，《清末籌備立憲檔案史料・上冊》，中華書局1979年版，頁598。

〔註59〕故宮博物院明清檔案部編，《清末籌備立憲檔案史料・上冊》，中華書局1979年版，頁601。

結　語

　　清末的法制改革自光緒二十六年開始，直至宣統三年覆亡時中止。這一時期的法制改革，在光緒三十二年，走向了仿行立憲的道路。清廷仿行立憲的基本原則是「大權統於朝廷，庶政公諸輿論」，憲政編查館是清末籌備立憲期間由軍機處王大臣統領的辦事機構，此機構的設立正是這一原則的主要體現。

　　憲政編查館設立於光緒三十三年七月初五日，至宣統三年五月二十七日裁撤，該館由軍機處親王大臣奕劻爲總領大臣，諸位軍機大臣均充任館務大臣。在短暫的存續期間內，憲政編查館以清廷籌備立憲最高辦事機構的地位，一定程度上執掌立法權、行政權、司法解釋權等國家最高權力，將當時中國的傳統科舉士子和留洋歸國的現代法政人才匯聚一堂，負責考察東西洋憲政，起草憲法大綱，續辦官制改革，主持法律法規的編纂修改，督辦籌備憲政事宜的按期推行，是爲清末「憲政之樞紐」。

　　作爲「憲政之樞紐」，憲政編查館以權力匯總機構的身份領導了這次以向西方學習政治法律制度爲主要內容的改革。在這次改革中，晚清政府模仿進行了中國歷史上最大規模的一次官制改革，突破了傳統六部制的中央官制體系，發展了新的中央官制制度（直至建立責任內閣），並開始了地方自治制度的探索與實踐；制定了中國歷史上第一部憲法性文件《欽定憲法大綱》，進行了中國歷史上第一次現代意義的立憲嘗試；在全國範圍內發行了官方報紙《政治官報》，將涵蓋國家政治、經濟、外交等各項重要國政的諭旨、奏摺、法令、條約等政治文牘「詳愼登載」，以「使紳民明悉國政、預備立憲之意」，使「人民開通政治之智識，發達國家之思想，以成就立憲國民之資格」；破除了傳統

的以刑爲主民刑不分的法律體系，確立了新的現代的部門法律體系，建立了現代的審判制度，確立了現代的民、刑事法律原則。在憲政編查館的統領下，清末的法制改革有計劃、有步驟地得以進行，做出了非常顯著的實績。

　　然而同時，也正是由於憲政編查館將國家立法、行政等大權集中起來，使得清末法制改革在籌備立憲的過程中違背了立憲的基本原則：權力分立的原則。在清末法制改革走向憲政改革的過程中，爲了保障「大權統於朝廷」的基本準則，憲政編查館的職權不斷擴大，地位不斷提高，不僅將編訂核議法律法規的權力集於一身，並且將中央各部院及地方各省與立憲有關的各項事宜都納入它的管理之下，而且還負責解釋部份新定法律的適用，最後成爲凌駕於中央各部院和地方各省之上的權力匯總機構。按照現代憲政的基本原則，立法權、行政權、司法權應分別由不同的機構行使，然而憲政編查館這種將立法、行政、法律解釋等權力集於一身的狀況與立憲的精神殊相違背。後來，資政院作爲議院之基礎，在開院後不久即就立法權等問題提出質疑，要求裁撤憲政編查館將立法權歸資政院行使。在資政院與憲政編查館的職權糾紛中，清廷始終支持憲政編查館，而將資政院僅僅置於協贊的地位不予重視。這種在仿行立憲的改革中卻要將「大權統於朝廷」，在思想上和制度上都不能符合憲政的基本理論。清廷這次用現代政治法律制度來改造傳統中國的變革，使得中國脫離了兩千年來的孔孟之道和儒法範疇，但是卻沒有使中國進入現代的憲政體系之中。最終，在辛亥革命的洪流下，清廷憲政改革被迫中止，「大權統於朝廷」的夢想也因爲違背憲政的基本原則被革命的槍炮擊得粉碎。

　　本文並不是就憲政編查館面面俱到的研究。對於該館內部具體的人事關係，該館內部人員在籌備立憲過程中的理論爭論，該館主要負責人員在籌備立憲過程中的思想動態等，由於資料的不足以及主題的限制，並未完全涉及。本文主要是以憲政編查館爲視角，通過憲政編查館在清末籌備憲政過程中的地位、職權等信息，來考察清末憲政改革，梳理清末法制改革的實績，分析清末法制改革在制度上存在的問題。通過這樣一個機構去認識清末法制改革，一定程度上或許具有當代的意義。

參考文獻

一、史料彙編

1. 中國第一歷史檔案館，憲政編查館檔案全宗，全宗號 09，共 100 卷。
2. 國家圖書館藏歷史檔案文獻叢刊，《清憲政編查館奏稿匯定》，全國圖書館文獻縮微複製中心 2004 年版。
3. 《清實錄》，中華書局 1987 年影印版。
4. 故宮博物院明清檔案部編，《清末籌備立憲檔案史料》，中華書局 1979 年版。
5. 上海商務印書館編譯所編，《大清新法令》（全十一冊），商務印書館 2011 年版。
6. 南洋公學譯書院譯，上海商務印書館編譯所補校，《新譯日本法規大全》（含法規解字，全十一卷），商務印書館 2007 年版。
7. 懷效鋒整理，《清末法制變革史料》，中國政法大學出版社 2010 年版。
8. 夏新華等整理，《近代中國憲政歷程：史料薈萃》，中國政法大學出版社 2004 年版。
9. 《資政院議場會議速記錄》，李啓成校訂，上海三聯書店 2011 年版。
10. 第一歷史檔案館編，《辛亥革命前十年民變檔案史料》，中華書局 1985 年版，。
11. 張枏、王忍之編，《辛亥革命前十年時論選輯》（全三冊），生活・讀書・新知三聯書店 1963 年版。
12. 錢實甫編，《清季新設職官年表》，中華書局 1961 年版。
13. 錢實甫編，《清代職官年表》（全四冊），中華書局 1980 年版。
14. 《政治官報》，國家圖書館藏。

二、論著專著

1. 楊伯峻，《論語譯注》，中華書局 1980 年版。

2. 蔣禮鴻，《商君書錐指》，中華書局 1986 年版。

3. 中國第一歷史檔案館編，《中國第一歷史檔案館館藏檔案概述》，檔案出版社 1985 年版。

4. 梁啓超，《梁啓超選集》，李華興等編，上海人民出版社 1984 年版。

5. 中國社會科學院近代史研究所編，《辛亥革命時期期刊介紹》，人民出版社 1982 年版。

6. 孫孝恩、丁琪著，《光緒傳》，人民出版社 1997 年版。

7. 鍾叔河著，《從東方到西方——「走向世界叢書」敘論集》，上海人民出版社 1989 年版。

8. 載澤著，《考察政治日記》，嶽麓書社 1986 年版。

9. 戴鴻慈著，《出使九國日記》，嶽麓書社 1986 年版。

10. 郭嵩燾著，《倫敦與巴黎日記》，嶽麓書社 1984 年版。

11. 郭嵩燾著，楊堅校補，《郭嵩燾奏稿》，嶽麓書社 1983 年版。

12. 薛福成，《出使英法義比四國日記》，嶽麓書社 1985 年版。

13. 康有爲著，《歐洲十一國遊記》，嶽麓書社 1985 年版。

14. 梁啓超著，《新大陸遊記及其他》，嶽麓書社 1985 年版。

15. 錢單士釐著，《癸卯旅行記·歸潛記》，嶽麓書社 1985 年版。

16. 劉錫鴻著，《英軺私記》，湖南人民出版社 1981 年版。

17. 黃遵憲著，《日本雜事詩廣注》，湖南人民出版社 1981 年版。

18. 曾紀澤著，《出使英法俄國日記》，嶽麓書社 1985 年版。

19. 曾紀澤著，喻岳橫點校，《曾紀澤遺集》，嶽麓書社 1983 年版。

20. 張德彝著，《隨使法國記》，嶽麓書社 1985 年版。

21. 容閎著，《西學東漸記》，嶽麓書社 1985 年版。

22. 汪榮寶著，《汪榮寶日記》，文海出版社 1991 年版。

23. 柳詒徵著，《中國文化史》，東方出版社 2008 年版。

24. 錢穆著，《國史大綱》，中華書局 1996 年版。

25. 楊鴻烈著，《中國法律思想史》，商務印書館 1998 年版。

26. 蕭公權著，《中國政治思想史》，新星出版社 2005 年版。

27. 郭廷以著，《近代中國史綱》，格致出版社 2009 年版。

28. 李劍農著，《戊戌以後三十年中國政治史》，中華書局 1965 年版。

29. 張玉法著，《清季的立憲團體》，北京大學出版社 2011 年版。

30. 張朋園著，《立憲派與辛亥革命》，吉林出版集團 2007 年版。

31. 余英時著，《現代危機與思想人物》，生活・讀書・新知三聯書店 2004 年版。

32. 余英時著，《中國傳統思想的現代詮釋》，江蘇人民出版社 2006 年版。

33. 王世杰、錢端升著，《比較憲法》，商務印書館 2009 年版。

34. 張晉藩著，《中國憲法史》，吉林人民出版社 2004 年版。

35. 張德澤編，《清代國家機關考略》，中國人民大學出版社 1981 年版。

36. 李鵬年等編著，《清代中央國家機關概述》，紫禁城出版社 1989 年版。

37. 韋慶遠等著，《清末憲政史》，中國人民大學出版社 1993 年版。

38. 侯宜傑著，《二十世紀中國政治改革風潮》，中國人民大學出版社 2009 年版。

39. 張學仁、陳寧生主編，《二十世紀之中國憲政》，武漢大學出版社 2002 年版。

40. 周葉中、江國華主編，《博弈與妥協——晚清預備立憲評論》，武漢大學出版社 2010 年版；

41. 郭紹敏著，《清末立憲與國家建設的困境》，河南大學出版社 2010 年版。

42. 馬勇著，《超越革命與改良》，上海三聯書店 2001 年版。

43. 馮天瑜等著，《中國文化史》，上海人民出版社 2005 年第 2 版。

44. 何懷宏著，《選舉社會及其終結——秦漢至晚清歷史的一種社會學闡釋》，生活・讀書・新知三聯書店 1998 年版。

45. 莊吉發著，《清代奏摺制度》，臺北，故宮博物院出版 1979 年版。

46. 李貴連著，《中國法律思想史》，北京大學出版社，2005 年版。

47. 李貴連著，《沈家本傳》，法律出版社 2000 年版。

48. 程燎原著，《清末法政人的世界》，法律出版社 2003 年版。

49. 王人博等著，《近代中國憲政史上的關鍵詞》，法律出版社 2009 年版。

50. 王德志著，《憲法概念在中國的起源》，山東人民出版社 2005 年版。

51. 李啓成著《晚清各級審判廳研究》，北京大學出版社 2004 年版。

52. 陳煜著，《清末新政中的修訂法律館》，中國政法大學出版社 2009 年版。

53. 張從容著，《部院之爭：晚清司法改革的一個側面》，北京大學出版社 2007 年版

54. 張德美著，《探索與抉擇——晚清法律移植研究》，清華大學出版社 2003 年版。

55. 曹全來著，《國際化與本土化——中國近代法律體系的形成》，北京大學出版社 2005 年版。

56. 卞修全，《立憲思潮與清末法制改革》，中國社會科學出版社 2003 年版。

57. 卞修全著，《近代中國憲法文本的歷史解讀》，知識產權出版社 2006 年版。

58. 朱勇編，《中國法制史》（第二版），法律出版社 2006 年版。

59. 張千帆著，《憲法學導論》，法律出版社 2008 年版。

60. 王焱等編，《憲政主義與現代國家》，生活・讀書・新知三聯書店 2003 年版。

61. 劉軍寧、王焱等編，《自由與社群》，生活・讀書・新知三聯書店 1998 年版。

62. 彭劍著，《清季憲政編查館研究》，北京大學出版社 2011 年版。

63. 【美】任達著，李仲賢譯，《新政革命與日本》，江蘇人民出版社 2006 年版。

64. 【美】張灝著，崔志海、葛夫平譯，《梁啓超與中國思想的過渡》，江蘇人民出版社 1995 年版。

65. 【美】史華茲著，葉鳳美譯，《尋求富強：嚴復與西方》，江蘇人民出版社 1990 年版。

66. 【美】費正清著，傅光明譯，《觀察中國》，世界知識出版社 2002 年版。

67. 【美】費正清、劉廣京編，中國社會科學院歷史研究所編譯室譯，《劍橋中國晚清史》，中國社會科學出版社 1985 年版。

68. 【美】李約翰著，孫瑞芹、陳澤憲譯，《清帝遜位與列強》，江蘇教育出版社 2006 年版。

69. 【美】戈登著，應奇等譯，《控制國家：從古代雅典到今天的憲政史》，江蘇人民出版社 2005 年版。

70. 【美】列文森著，鄭大華、任菁譯，《儒教中國及其現代命運》，中國社會科學出版社 2000 年版。

71. 【英】莊士敦著，陳時偉譯，《紫禁城的黃昏》，山東畫報出版社 2007 年版。

72. 【日】佐藤鐵治郎著，孔吉祥、村田雄二郎整理，《一個日本記者筆下的袁世凱》，天津古籍出版社 2005 年版。

73. 【日】佐藤慎一著，劉岳兵譯，《近代中國知識分子與文明》，江蘇人民出版社 2006 年版。

三、論文、期刊

1. 劉汝錫《憲政編查館研究》，臺灣師範大學歷史學 1977 年碩士論文。

2. 趙鑒軍，《清末預備立憲時期憲政編查館研究》，河南大學歷史學 2001 年碩士論文。

3. 呂美頤，《清末憲政編查館考察》，載《史學月刊》1984 年第 6 期。

4. 江兆濤，《清末預備立憲中的法制習慣調查》，中國政法大學法學 2010 年博士論文。

5. 陳煜，《清末新政中的修訂法律館》，中國政法大學法學 2007 博士論文。

6. 柴松霞，《出洋考察團與清末立憲研究》，中國政法大學法學 2009 年博士論文。

7. 張從容，《部院之爭：晚清司法改革的一個側面》，中國政法大學 2003 年博士論文。

8. 潘崇，《清末五大臣出洋考察研究》，南開大學歷史學 2010 年博士論文。

9. 彭劍，《清季憲政大辯論──以〈中興日報〉、〈南洋總匯新報〉之論戰為主體的探討》，華中師範大學歷史學 2005 年博士論文。

10. 許峰，《修訂法律館考論》，湘潭大學歷史學 2008 年碩士論文。

11. 李斯頤，《清末十年官報活動概貌》，載《新聞與傳播研究》1991 年第 3 期。

12. 郭紹敏，《清末憲政改革與現代國家建設》，載《讀書》2011 年第 5 期。

13. 趙鑒軍，《對憲政編查館歷史作用的評價》，內蒙古農業大學學報 2008 年第 2 期。

14. 彭劍，《楊度在憲政編查館任職新考》，載《歷史檔案》，2007 年第 2 期。

15. 彭劍，《清季九年預備立憲清單並未宣佈開國會年限》，近代史研究 2008 第三期。

16. 周澤雄，《閒話〈管錐篇〉之六：錢鍾書與體系》，載《北京日報》2009 年 6 月 29 日。

17. 侯宜傑，《資政院的兩位總裁》，載《南方周末》2011 年 3 月 31 日網絡版，www.infzm.com。

18. 侯宜傑，《晚清史事叢談：革命與立憲相輔相成》，載《南方周末》2011 年 6 月 17 日網絡版，www.infzm.com。

19. 侯宜傑，《溫世霖請願獲罪》，載《南方周末》2011 年 4 月 27 日網絡版，www.infzm.com。

20. 侯宜傑，《末代狀元劉春霖如何當國民代表》，載《南方周末》2010 年 6 月 14 日網絡版，www.infzm.com。

21. 夏曉虹，《從新發現手稿看梁啟超為出洋五大臣做槍手真相》，載《南方周末》2008 年 12 月 8 日網絡版，www.infzm.com。

附錄 1：憲政編查館組織機構圖

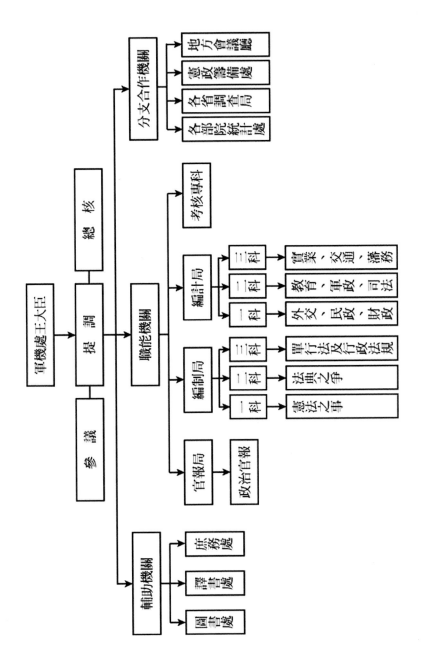

附錄 2：第一歷史檔案館館藏憲政編查館檔案目錄

目錄號：9-1；

全宗號：09；

全宗名稱：憲政編查館；

全宗標識：【9-1】09-考察籌備立憲，文書檔案；

目錄名稱：憲政編查館案卷目錄；

縮微號：無。

卷　宗	標識	內　容	時　間	數量（件）
考察籌備立憲	001	羅振玉等爲出國考察政治及考察所得意見的有關文件	光緒三十三年三月～光緒三十四年九月	8
考察籌備立憲	002	考察政治大臣李駒等編譯的有關日本皇室制度立憲年表德法等國民選代議政鑒及歐洲各國立憲始末等文件	光緒三十年	10
考察籌備立憲	003	本館擬定的憲法大綱及日本人所著的大清憲法節譯等其他有關制憲方面的文件	無	15
考察籌備立憲	004	出使俄奧日等國大臣爲諮送俄國度支部應爲預算表和會條約及各國文藉法條有關方面的諮呈等	光緒三十四年四月～光緒三十四年九月	8

卷　宗	標識	內　容	時　間	數量（件）
考察籌備立憲	005	憲政編查館大臣奕劻等遵旨核議國籍條例並繕清單	宣統元年閏二月	2
考察籌備立憲	006	外務部等為諮送朝鮮各口華商租借章程考察南陽華僑商業請定華僑權利等方面的諮奏	光緒三十四年二月～宣統二年十一月	5
考察籌備立憲	007	考察政治館委員等為將考查政治館改為憲政編查館起用關防明定權限調補官員以及經費方面的諮奏稿等有關文件	光緒三十三年九月～宣統二年二月	38
考察籌備立憲	008	吏部等派溥倫孫家鼎充資政院總裁請刻關防各部省派員到院議事及有關該院章程開會經費建築等方面的諮電報等	光緒三十三年八月～宣統二年十月	23
考察籌備立憲	009	沈家本等為立憲以前擬逐年應籌備事項的有關文件	宣統元年正月～宣統元年八月	18
考察籌備立憲	010	各省諮送所奏各年各屆籌備憲政成績情形的摺等文件	光緒三十三年正月～宣統三年四月	94
考察籌備立憲	011	許州泰安等縣呈送的憲綱條款冊	光緒十年正月～光緒三十四年	4
考察籌備立憲	012	民政部山東巡撫等為諮取議核京師地方自治章程及其變通章程的有關文件	光緒三十四年五月～宣統元年十一月	34
考察籌備立憲	013	民政部貴州巡撫為籌辦地方自治的條陳諮詢辦理情況及有關文報等文件	光緒三十二年九月～宣統三年七月	47
考察籌備立憲	014	兩廣總督等為籌備地方自治培養人才學員考試成績及有關經費文書處理等方面的文件	宣統二元六月～宣統二年十二月	30
考察籌備立憲	015	東三省總督等位設立文報局交涉道清理財政局習藝所學習總匯處地方廳等事的有關文件	光緒三十三年三月～宣統三年六月	19

卷　宗	標識	內　容	時　間	數量（件）
考察籌備立憲	016	江蘇巡撫等為遵設調查局及調查局之章程員銜各等有關文件	光緒三十三年十二月～宣統元年七月	38
考察籌備立憲	017	考察政治館都察院會議改給事中為殿中侍御史及請照舊守護御製碑亭等事的奏稿等	光緒三十三年正月～光緒三十三年三月	4
考察籌備立憲	018	河南巡撫等位諮明各部各省憲政籌備處成立章程人員及條陳等摺	宣統元年三月～宣統二年十二月	42
考察籌備立憲	019	直隸總督等為直隸諮議局的籌辦議員選舉開會人事及經費等問題的咨文	光緒三十四年十月～宣統三年四月	22
	020	缺		
考察籌備立憲	021	東三省總督等為東北省諮議局籌備章程開辦經費人事及開會情形的咨文等	光緒三十四年十二月～宣統三年五月	30
考察籌備立憲	022	山東巡撫等為籌辦煽動山西諮議局啓用關防人員派調經費問題的咨文等	光緒三十四年十月～宣統二年八月	21
考察籌備立憲	023	河南巡撫為河南諮議局籌辦開會人士經費等問題的咨文	宣統元年五月～宣統三年正月	10
考察籌備立憲	024	浙江巡撫等為江浙閩省諮議局籌備成立人事經費等問題的咨文等	宣統元年十月～宣統三年三月	42
考察籌備立憲	025	安徽巡撫等為安徽江西諮議局的籌辦成立簡章開會經費等問題的咨文	光緒三十三年十二月～宣統元年二月	22
考察籌備立憲	026	湖廣總督等位湖南湖北諮議局的籌辦人事經費等問題的咨文	宣統月年二月七日～宣統二年十月	19
考察籌備立憲	027	陝西巡撫等為陝甘雲貴川等省諮議局的籌辦成立章程人員調解經費等有關咨文	光緒三十四年九月～宣統三年二月	43
考察籌備立憲	028	廣西巡撫等為廣東廣西諮議局的籌設人事經費房地等問題的咨文	光緒三十四年九月～宣統三年四月	35

卷　宗	標識	內　容	時　間	數量（件）
考察籌備立憲	029	安徽巡撫等關於各省設立會議廳細則章程以及有關會議廳的經費人事方面的文件。	宣統元年閏二月～宣統三年三月	55
考察籌備立憲	030	上海黑龍江等地申明宜速開國會的諮滇報及內閣奉上諭	光緒三十三年八月～宣統二年十月	6
考察籌備立憲	031	議員選舉法草案等	無	13
考察籌備立憲	032	外務部等為選舉華僑議員事的有關文件	宣統元年八月～宣統二年十月	8
考察籌備立憲	033	本館及民政部為選舉事的諮詢解釋等來往文件	光緒三十四年七月～宣統三年二月	5
考察籌備立憲	034	本館為編輯光緒政要調閱檔案及請派館員兼充總纂等各差的有關文件	宣統元年二月	9
考察籌備立憲	035	學部等簽注行政綱目及有關行政事務權限方面的文件	宣統二年三月～宣統三年正月	13
考察籌備立憲	036	貴州巡撫等諮送官報京報司報查禁報館的諮及本館覆核、官報章程報律等問題	光緒三十三年八月～宣統三年五月	87
考察籌備立憲	037	陝西巡撫等為開辦官報經費及繳解官報費的諮等文件	光緒三十二年三月～宣統二年十二月	50
考察籌備立憲	038	奉天總督等諮送訂購各國政治要覽憲法疏證輪路郵電各書雜誌通志及解拔書價等有關方面的文件	光緒三十三年十一月～宣統二年八月	32
考察籌備立憲	039	趙炳麟文海等為釐定官制吏治事有關條陳意見的摺諮呈電報等文件	光緒三十二年八月～宣統二年十一月	57
考察籌備立憲	040	本館等核定調查京師各部院管制通則節略清單說帖等有關文件	光緒三十二年八月～宣統二年十月	40
考察籌備立憲	041	本館擬定官俸章程及有關文件	宣統二年九月	5
考察籌備立憲	042	資政院等為籌辦核定各省官制章程綱要細則考驗外官章程等有關官制方面的文件	光緒三十二年十月～宣統三年三月	41

卷　宗	標識	內　容	時　間	數量(件)
考察籌備立憲	043	吏部等為各部院職官的升遷調補考績獎勵丁優等有關方面的文件	光緒三十二年十二月～宣統二年十二月	76
考察籌備立憲	044	黑龍江等各省關於職官的升遷調補引見保獎考績接任謝恩等方面的諮奏等文件	光緒三十二年十二月～宣統三年六月	108
考察籌備立憲	045	各省為諮送各府廳州縣優劣事實表冊的咨文等	光緒三十三年五月～宣統二年十二月	50
考察籌備立憲	046	本館彙編直隸等省各縣官員列入優等次等及參革人員冊	無	1
考察籌備立憲	047	甘肅藩臬核報所屬各府州縣官員光緒三十四年刑錢事實課績冊	宣統元年十月	64
考察籌備立憲	048	張鳴岐等為有關籌備立憲事的條陳意見及上諭	光緒三十三年四月～宣統二年九月	44
考察籌備立憲	049	廣西富川等地宣統元年事實課績冊	宣統	17
考察籌備立憲	050	直隸各州縣考研課績事實表冊及有關印結	宣統元年	32
考察籌備立憲	051	本館考驗各府州縣民政表	宣統二年	8
考察籌備立憲	052	本館法部大理院等核擬議簽注現行刑律宗室覺羅宋蘇章程結社集合律法院編制法等諮稿條陳及有關文件	光緒三十三年十一月～宣統二年十二月一日	66
考察籌備立憲	053	東三省等地方審判廳的籌辦成立起用印紋等有關方面的文件	光緒三十三年十二月～宣統三年四月	66
考察籌備立憲	054	法部等為有關司法官員的升遷調補考績等方面的文件及履歷冊	光緒三十三年六月～宣統三年正月	48
考察籌備立憲	055	大理院法部等諮送現審秋審命盜奸等案件的奏摺等	光緒三十二年三月～宣統三年三月	129
考察籌備立憲	056	浙江巡撫等為諮明各級審判廳經費預算及有關司法經費情況的文件	光緒三十二年十一月～宣統三年五月	16

卷　宗	標識	內　容	時　間	數量（件）
考察籌備立憲	057	陸軍部等爲改行新官制改設機構擬議奏定陸軍恤蔭恩賞陸軍軍官升調補陸軍懲治漏泄機密調查陸軍財政局等有關章程	光緒三十二年十月～宣統二年四月	17
考察籌備立憲	058	陸軍部等爲武職官員補缺留任議敘開復休致參革獎懲及請換勇號更名等人事方面的文件	光緒三十二年十二月～光緒二年二月	75
考察籌備立憲	059	陸軍部甘新巡撫諮送剿辦馬賊哈密人民聚眾滋事等案獎懲有關人員事的文件	光緒三十三年七月十三日～光緒三十四年四月四日	3
考察籌備立憲	060	陸軍部等關於兵馬錢糧製造藥鉛火炮以及有關文書處理方面的文件	光緒三十二年十二月～宣統二年八月	40
考察籌備立憲	061	陸軍部等爲湖北陸軍小學堂到江南水師學堂武備學堂的考試經費收支等情況的文件	光緒三十二年十一月～宣統二年十二月	4
考察籌備立憲	062	步軍通令衙門爲諮送所奏餉鞘進程數目清單	光緒三十三年三月～宣統二年十月	10
考察籌備立憲	063	陸軍部等爲軍馬南北監暫緩歸併緩解經費報銷矢馬工料懲處失責倒斃馬匹管帶以及爲獎勵民間養馬事的案陳等文件	光緒三十三年正月二十七日～宣統三年二月九日	6
考察籌備立憲	064	陸軍部等爲諮科布多黑龍江察哈爾青海等處屯田墾事務方面的奏條陳及有關湖北貴州勸辦農林方面的文件	光緒三十二年十二月～宣統元年二月	13
考察籌備立憲	065	學部等爲籌辦貴胄法政學堂各省法政學堂的章程講義人員履歷請獎等有關文件	光緒三十二年十二月～宣統二年十一月	42
考察籌備立憲	066	學部等爲籌辦華僑學堂蒙學堂簡易識字塾師範學堂及推廣女學等有關文件	光緒三十二年八月～宣統二年十二月	14
考察籌備立憲	067	學部等有關遊學生畢業廷試等有關問題的文件	光緒三十三年五月～光緒三十四年十月	20

卷　宗	標識	內　容	時　間	數量（件）
考察籌備立憲	068	學部甘新巡撫諮送視察學務學務公所之案教育行政報告學務雜誌以及經費人事方面的諮摺等	光緒三十二年十月～宣統二年正月	20
考察籌備立憲	069	度支部等諮送核議各省地方錢糧收支蠲緩工地丈放倉儲漕運情形及獎懲有關人員的摺等文件	光緒三十二年七月～宣統二年八月	36
考察籌備立憲	070	度支部等諮送有關運輸方面問題的諮摺等	光緒三十二年十二月～宣統三年四月	10
考察籌備立憲	071	度支部順天府等位籌辦賑款報銷賑費以及議覆廣東山東將被等處賑捐展限事的摺諮等文件	光緒三十二年十一月～光緒三十三年十二月	12
考察籌備立憲	072	民政部諮送設立貧民教養院等籌議變通粥廠嘗撥米石的摺	光緒三十三年三月～光緒三十四年十月	8
考察籌備立憲	073	度支部等為九江臨清淮安江海鎮江閩海關等的關稅及其他稅務方面的諮奏等文件	光緒三十三年三月～宣統元年正月	22
考察籌備立憲	074	貴州巡撫等諮送關於善後賠款借債等有關問題的諮摺等	光緒三十三年三月～宣統二年六月	16
考察籌備立憲	075	民政部等為諮京師各衙門遵填官員開支公費津貼等項統計表的有關薪俸方面的文件	光緒三十二年十二月～宣統三年三月	42
考察籌備立憲	076	山東巡撫等諮送各省每年預算出入經費等及有關財政問題的諮摺等	光緒三十四年九月～宣統三年五月	44
考察籌備立憲	077	度支部等有關各部的預算經費等有關問題的諮奏	光緒三十三年正月～宣統三年五月	24
考察籌備立憲	078	度支部等諮送有關幣制拿獲熔化大錢人犯等有關方面的文件	光緒三十三年正月～宣統元年五月	10
考察籌備立憲	079	度支部等諮送有關河工銀兩的諮奏等文件	光緒三十三年三月～宣統元年十月	10

卷　　宗	標識	內　　容	時　　間	數量（件）
考察籌備立憲	080	農工商部諮送考定度權衡情形的奏	光緒三十二年九月二十七日	2
考察籌備立憲	081	稅務大臣農工商部等為設立農工商礦設辦官鐵廠官牧廠杭州織造機器局辦理實業事的有關規定	光緒三十三年八月～宣統二年十月	21
考察籌備立憲	082	度支部等諮送鹽價開發鹽礦意見的有關文件	光緒三十三年三月～光緒三十四年七月	7
考察籌備立憲	083	郵傳部度支部等為廣九新寧鐵路及黃河鐵橋的籌建管理及驛站輪船電報等有關事項的咨文	光緒三十三年十二月～宣統三年三月	24
考察籌備立憲	084	民政部等為籌辦巡警事務經費人事制定違警律調查戶口及有關巡警學堂事的文件	光緒三十二年十一月～宣統三年二月	60
考察籌備立憲	085	民政部等諮送內城官醫院就醫人數及開辦城外官醫院及各省官醫局醫學館的奏	光緒三十三年五月～光緒三十四年六月十八日	10
考察籌備立憲	086	出使日德大臣抵日德接任呈遞國書事文件	宣統二年六月～宣統三年七月	4
考察籌備立憲	087	民增補等為懲辦開場聚賭的英法等國人及籌備歡迎美國艦隊事的文件	光緒三十四年～宣統二年八月	3
考察籌備立憲	088	禁煙大臣度支部等為遵議禁煙章程條例辦理煙土藥稅等事以及有關設立戒煙所官員兵丁出具戒煙印結等文件	光緒三十二年十二月～宣統元年七月	5
考察籌備立憲	089	都察院等諮送祭孔子社稷齋戒的奏及各衙門停止保送碩學通儒議員以及北京宣講孔教總會會員冊控辯等文件	光緒三十三年八月～宣統二年八月	10
考察籌備立憲	090	禮部等為皇太后生日治喪入嗣祭祀以及各個節令應行禮會比等事給本館的咨文等	光緒三十二年十二月～宣統三年十二月	53

卷　宗	標識	內　容	時　間	數量（件）
考察籌備立憲	091	順天府諮送所報京師得兩情況及京城糧價的摺件	光緒三十三年三月～光緒三十三年五月	6
考察籌備立憲	092	都察院等的房屋修繕房租等事的咨文	光緒三十三年三月四日～光緒三十三年三月	3
考察籌備立憲	093	黑龍江督撫諮送所奏江省旗丁生計情形	光緒三十四年三月五日	1
文書檔案	094	考察政治館的諮稿箚稿和照會冊	光緒三十一年十一月～光緒三十二年十二月	12
文書檔案	095	禮部實錄館等諮送開館取調檔案鑄印啓用印遞謄黃設告示牌以及有關收發文方面的殘件	光緒三十三年十二月～宣統二年十二月	76
文書檔案	096	考察政治大臣奏稿冊	無	1
文書檔案	097	電報稿	光緒	66
文書檔案	098	軍機處抄交內外摺片簿	光緒三十二年正月～宣統元年四月	1
文書檔案	099	考察政治館憲政編查館的上諭交片簿	光緒三十一年六月～宣統二年五月	2
文書檔案	100	憲政編查館收文編號及收文表等	光緒～宣統二年十二月	16

致　謝

　　本書以我的博士學位論文爲主。自 2000 年 9 月就讀於西南政法大學，距今已 17 年之久了。17 年間，我輾轉多地，分別在重慶、蘭州、北京和成都工作與生活。無論工作學習的環境發生怎樣的變化，我發現自己與法學這門學問彷彿有著命中注定的緣分。法學思維中的審愼與邏輯，法律思想中的批判與執著，法學學派之間的紛爭與融合，無一不讓我覺得心有戚戚。

　　自清末以來，法律變革一直是中國法律發展的主要存在方式。這近兩百年的變革史，更是中國有史以來在價值觀念、制度體系、甚至法言法語上都最爲劇烈動盪的時期。由此，對法律變革的探索，包括對歷史上法律改革的批判性研究成爲法學研究者們知古鑒今的路徑之一。筆者在碩士階段著眼於中國歷史上的第一次法律大變革：從夏商之際的「天命天罰」到西周的「明德愼罰」；之後進入中國政法大學，系列導師劉廣安教授門下攻讀博士學位，研究晚清的法制改革。雖然兩個主題跨越千年，但滄海桑田之間，無論其思想、形式、語言如何不同，筆者覺得其背後都是人類對法律下的自由同樣不竭的追求。今天，中國法制改革的歷程仍在繼續，這個歷程將持續多久，甚至它會走向哪裏，幾乎無人能夠預測！這很有可能是一條沒有盡頭的路，因爲對自由的追尋是沒有止境的！

　　今日，筆者在大學任教，身處一個變革中的中國，筆者內心深處愈發感覺到作爲一名法律人的與眾不同。他們就是爲變革而生的，他們就是爲自由而存在的。在教學中，筆者也愈發感覺到，身處一個變革中的中國，作爲一名法學教師，古典師說的「傳到授業解惑」，有多麼與眾不同的時代含義。這或許就是法學這門學科本身的一種永恆。

　　在此，特別感謝我的老師劉廣安先生。是先生讓我有幸能夠進行博士階段的學習研究，是先生不厭其煩的教導，才使我能夠初嘗法學研究的甘味。和先生門下的其他學生一樣，我對先生又敬又怕，敬的是先生那於世罕見的獨立品性與高尚學養，怕的是自己的愚鈍魯莽。提起筆來，本有好多感謝的話想對先生陳述，想回憶求學期間先生對我的諄諄教誨，此時卻都覺得有些詞不達意，只想起《論語‧子張》篇中的那句話：「君子有三變：望之儼然，即之也溫，聽其言也厲。」

　　感謝我的父母，帶我來到這個世界上，讓我得以有生命來領略法學的智慧，得以有生命在法制變革的歷程中，追尋法律下的自由。

　　感謝我的妻子和我們的孩子，她們給我幸福與快樂，讓我在追尋法律下的自由時懂得克制與奮進；她們也給予我力量，讓我覺得自己追尋的自由是有價值的。

　　毋庸置疑，文責自負，文章中的一切錯誤，都是筆者自己學識的淺薄與寫作的疏忽所致。這本小冊子將只是筆者研究的開始，而不會是結局。

　　感謝花木蘭文化事業有限公司，感謝楊嘉樂主任。感謝出版社的編輯們。

戴馥鴻於以夢為馬齋

2017-10-11